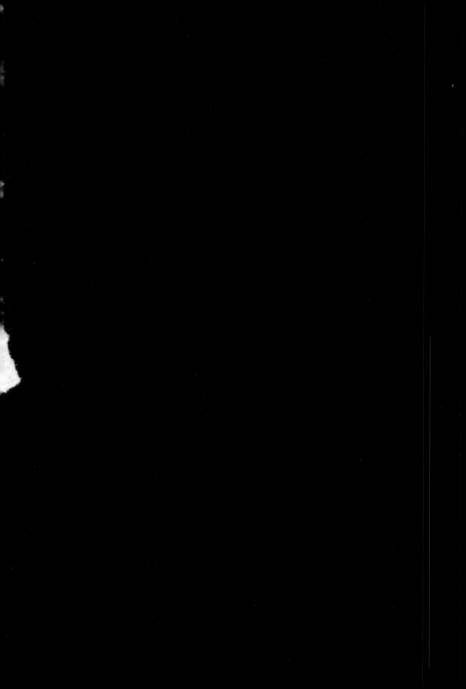

# 経営のバトン 生命のバトン

Management Life

百年企業の
事業承継経験者が伝える
37の核心

ANDO Business Partners代表取締役
安藤謙一郎

マネジメント社

## 事業承継に関心のあるすべての方に読んでもらいたい一冊

私が公認会計士になったのは、父の苦労話を聞いていたこともあり、大会社の監査よりも、なんとなく中堅・中小企業の役に立ちたいという想いがあったからである。それもあって、中堅・中小企業の「成長のための見える化」やその「展開の支援」を私は「企業新生」（新しく生まれ変わることが必要）と言っているが、いわゆる企業再生を含んで、さまざまな形で中堅・中小企業支援を数多く手掛けてきた。

父は兵庫県姫路市でいくつかの店舗を持ち、陶器やギフト商品の卸・小売りを行っている会社の創業者である。創業時の苦労話、中小企業者の本音等を子どもの頃から常に聞いていていた。門前の小僧ではないが、習わぬ商売の考え方などが自然に身に付いたと考えていて、今の私の業務にも大いに参考になっていると思う。

安藤謙一郎氏が今回出版された『経営のバトン　生命のバトン～百年企業の事業承継経験者が伝える37の核心～』を読んで、改めて事業承継の難しさを感じるとともに、その早期取り組みの重要性も強く感じたところだ。

この本のよさは、⑴事業承継をした当事者が書いた本である、⑵事業承継はしたが筆者の努力にもかかわらずうまくいかなかった。失敗をしたが飾らずそのままが記述されている、⑶筆者の事業承継はうまくいかなかったが、弟という後継者にうまく引き継げた、⑷筆者自身も自分に合った事業が見つかった、⑸筆者は現在、この失敗を活かし、中堅・中小企業のエグゼクティブ・バディ（伴走者）を数多く務めていることである。当然、現経営者や後継者等と意見を交換する機会が多く、その経験に基づく事例も具体的に記述していることから、私は興味を持って一気に読んでしまった。

この本は、事業を引き継ぐ予定の後継者、すでに引き継いだ後継者、これから引き継ぎを行おうとする経営者、引き継ぎは終わったが若干不安を持っている前経営者など、事業承継に関心があるすべての方に是非とも読んでいただきたいと思う。

樫谷隆夫

（かしたに・たかお）公認会計士・税理士。地域の中堅企業・中小企業の経営改革、財務戦略、事業再編などを数多く手がけ、企業の伴走支援者として多数の企業再生・企業新生を行っている。日本公認会計士協会常務理事、政府の審議会委員会の委員長、委員を歴任。㈱ファーストリテイリング社外監査役、日本貨物鉄道㈱社外取締役。

## まえがき

大げさでなく、日本経済は中小企業の事業承継にかかっています。なにせ日本の中小企業は全企業数の99・7％を占めているのです。

経済は大企業や優良企業だけで回っているのではありません。大企業を支える中堅企業、中堅企業を支える中小企業、さらにそれを支える零細企業や個人事業主というように、重層的に階層化しているのが日本の産業構造です。

どんなに小さな企業でも、それなりの役割があり、その企業が存在している理由があります。会社の経営が低迷して潰れたりすると、その影響は潰れた会社に留まらず、上層および下層の取引先にも影響してきます。そして、雇用している社員やその家族の人生にも……。

こう考えてくると、企業経営者の双肩には大きな責任が重くのしかかっていて、その重圧に耐え、しっかりと経営の舵取りができる人間でないと経営者は務まりません。

本文で詳しく紹介しますが、私は父から受け継いだ老舗優良企業の事業承継後、志半ばで父に社長業を戻しました。その原因となる失敗や挫折、敗北の要因も本書を読んでいただければわかりますが、私は承継した会社をさらに成長させようと、さまざまな社内改革、業界改革を断行しました。

それらは、いわば会社経営のプレッシャーによるものだったのかもしれません。「このままでは業界は尻すぼみになる」「新たな収益の柱を確立しなければならない」「そのためには社内の意識改革が必要だ」……などと、次から次へと改革していきました。しかしそれらは、会社組織の中で空回りして、結果として一人よがりのことにすぎず、私の改革路線は道半ばで頓挫せざるをえませんでした。

こうした反省点や当時どうすればよかったかは、今になれば「解」がはっきりとわかります。

現在私は、自分の失敗体験を教訓に、現役経営者や後継者などを支援する事業を立ち上げ、多くのエグゼクティブの方のバディをなりわいとしています。これは、古い言い方だと幕賓《ばくひん》、参謀、最近の言い方だと「伴走支援者」になりますが、これからの経営者にはこうした存在が必要なのではないかと思います。

考えてみれば、多くの企業の事業承継、とりわけ創業企業の事業承継を見ていると、先代、後継社長ともに事業承継の経験がありません。先代社長は徒手空拳で事業を拡大した経験と自信がありますから、経営についてのノウハウは血肉となって体内に染みついています。しかし後継社長は、事業承継はおろか、経営者としての経験やノウハウもありません。

事業承継は中小企業にとって、会社の将来を左右するほどの最重要なテーマです。経営のバトンをどう次代につなげていくか——同時にそれは、経営者や従業員の生活、取引先の生命線にも少なからず影響を与える重大事です。形としては親子承継であったとしても、四代目から五代目になったとか、創業家の相続がうまくいったとか、そんな私的なものではないのです。

それなのに、事業を継がせるほうも継ぐほうも素人どうし。これではうまく事業承継できるほうが不思議というものです。

こうした状況の中で事業承継を円滑に、承継後の事業戦略の構築も含めて、経営者（先代・後継）をサポートしていくのがエグゼクティブ・バディなのです。

もちろん事業承継だけではなく、社長という役割を演じるがゆえに、社内では相談できない事象やプライベートの相談まで共に悩み共に行動する、それがバディです。

特に混沌とした今だからこそ、専門的知識だけでなく経営者としてのマインド、「言えばわかるだろ」ではなく非言語的な要素にも意識を向けるコミュニケーション力、周囲の人のよいところを引き出し成長を促す人間力、こういったエグゼクティブに求められる素養を共に形成していくのもバディの役割です。

中小企業の事業承継がうまくいけば、日本の社会経済にも大きく寄与していきます。中小企業経営の安定成長は、重層化した産業構造に効果的に波及し、日本経済全体を押し上げていく原動力にもなるのです。

本書は税理士や会計士の先生方が監修されたいわゆるテキスト本ではなく、私自身の体験をもとにしたリアルな事業承継で起こりうる事象を書いています。そうした観点からも、本書をいろんな意味で事業承継の参考にしていただければ大変ありがたく存じます。

安藤謙一郎

もくじ



# 第1章 事業承継―かくして私は失敗した

# 第2章

## 失敗の原因は「準備不足」

## 第3章 最高の親子承継で会社の理念を引き継ぐ

# 第4章 社員みんなが幸せになる事業承継

# 第5章 信頼を高め、魅力的な会社にして承継する

# 第1章

# 事業承継——かくして私は失敗した

# 01 老舗企業の長男

## 明治時代に八王子で創業

戦国時代には滝山城の城下町として栄え、江戸時代には甲州街道の宿場町として賑わった東京・八王子市。

今も自然と街のバランスがとれ、商店街も活気あふれる、住みやすい街です。

明治14（1881）年創業で、この地で建築資材の販売を営むA社は140年も続く、地元ではよく知られた老舗企業です。

事業のおこりは江戸時代。宿場町だった八王子で、わらじや馬具など当時の旅に必要な生活用品の卸問屋が始まりです。

やがて蒸気機関車の時代となり、木炭やコークスを販売するようになり、自動車の時代になると、ガソリンの販売も始めました。戦後は、セメント卸をメインで扱い、やがて高度経済成長期に「建築資材の販売」にシフトし、現在に至ります。

時代に応じて柔軟に業態変化をして、私が五代目を務め１４０年も続いてきた老舗企業の社内には、お互いに助け合うアットホームな社風がありました。

昭和47（１９７２）年、12月11日、私は、そんな会社の「跡取り」として生まれました。何一つ不自由のない子供時代を過ごしました。

幼い頃から周囲にチヤホヤされて育ったせいで、すべてが自分の思いどおりになる、というビリーフ（思い込み）が、私の心の中にはいつの間にかできあがっていました。弟や妹には申し訳ないことをしたなと思いますが、きょうだいの誰より優遇されていたのは間違いありません。

大事に育てられ、あまり叱られずに生きてきたのですが、私の周囲の大人は筋の通った方ばかりでした。

小学校低学年の頃、あるお正月の出来事を未だに覚えています。自宅に年始の挨拶に来た会社の番頭さん（年配の役員）から、私はお年玉をいただきました。

子どもです。嬉しくてその場で開けて数えました。

番頭さんは「どういう教育をしているんだ！」と父を叱りました。お客さんの前でもらったお年玉を数えるなんてみっともない、と。

もちろん、私もあとで父に注意されました。

その頃から、周囲の大人は、人前での振る舞い、お金の扱い、信頼をなくさない行動など、人として、将来の経営者としての振る舞いをそれとなく教えようとしてくれていたのかもしれません。

## 生存率１割以下の手術

えっ？　世界がぐるんぐるん回ってる……どうしたんだ？　身体が動かない……ボクは死ぬのか？

今でも鮮明に覚えています。体育館から教室に戻った時、突然、脳溢血で倒れました。生まれついての血管奇形のため、脳の中で動脈が破裂し、血栓が飛び散り、命が危なかったことを後で知らされました。

私はまだ小学校５年生で、毎日遊び回っている元気な子どもでした。それがある日、突然命の危機にさらされたのです。生存確率はわずかだと告知されました。

大人になってから、父母は毎日、毎晩、心配で泣いていたという話を聞きました。私も今は人の親ですから、張り裂けそうな父母の気持ちは痛いほどよくわかります。

ともかく、私は生存確率の低い手術を、２回とも成功で乗り越えました。都立府中病院の皆様には感謝しかありません。２回とも成功する確率は１割以下ですから、文字どおり九死に一生です。


半年間の長い入院生活。退屈しながら私はしみじみ考えました。

「人間って、いつ死んじゃうかわからないんだなあ」

人としての感性を形成する少年時代のこの体験が、私の人生観に大きく影響しているのは間違いありません。

命の儚さと、大切さ、周囲への感謝。そして「死ななければ大丈夫」という覚悟のようなもの。今でも後遺症のため、毎日薬を飲んでいますが、薬を飲む度に「今日も生かしてもらえた、ありがとう」と思うのです。

02

# 学生時代から感じていたプレッシャー

## 夜のアルバイトにどっぷり

大学生になった私は、学校そっちのけでアルバイトに熱中していました。

水商売の世界にどっぷり浸かっていたのです。夜のアルバイトが終わってからお店のお客さんや先輩に連れられて、明け方、さらには会社員の出勤時間まで飲み続け、酒臭いまま家に帰る生活を続けていました。

当時は実家暮らしで、朝帰りをして朝食を食べ、自分の部屋でそのまま寝るといった昼夜逆転生活。当然のように大学には通えなくなり、単位は壊滅的でした。

表向きは楽しく過ごしていましたが、内心は「俺、会社を継がなきゃいけないのに、いつまでもこんな生活してていいのだろうか？」と焦っていました。

夕日を見ながらアルバイトに通い「今日も、学校に行けなかった」と考える時のなんとも言えないもの悲しさ。「なんで俺はこんなにダメ人間なんだろう、このままじゃダメだ」と毎日思っているのに、変われないもどかしさ。

ある日の夜中、泥酔した私は父をたたき起こし、大泣きしながら訴えました。

「俺は親父みたいなことはできない。毎晩バイトして飲み歩いて、学校にも行けない。もうダメだ」

後継者としてのプレッシャーに感情が爆発してしまったのかもしれません。

父は眠い目をこすりながら、「そうか、そうか」と聞いてくれてました。

4年で卒業できないことが決定したとき、私は両親に「もう1年」と頼みましたが、無理でした。

「明日、退学届を持って行きなさい」

厳しい表情の父にそう言われたとき、私は内心、少し嬉しかったのを覚えています。

夜の世界にどっぷり浸かった4年間、両親は文句も忠告めいたことも何も言わなかったのです。両親はだらしない生活を送る私を見捨てたに違いないと、私は勝手に思い込んでいました。そうではなかった、私を信じて静観していたのだった、繋がりは途切れていなかった、とわかったからです。

## 大学を中退して父の会社に入社

結果的に大学を中退することになったのですが、それは私の生活が悪かっただけで、夜のアルバイトは悪いことばかりではありません。客商売ならではのホスピタリティとお金に対するシビアな考えを学ばせてくれたのは夜のアルバイトでした。

例えばお客さんを立てること、人を観察すること、どう楽しんでいただくか考えることの喜び……これらの視点は今でも私の財産です。

また、当時のアルバイト仲間の多くは、地元八王子で店を出しています。今でも飲みに行くなど、よくお世話になっています。

1995年、私は大学を中退し、父が社長を務める建築資材販売商社に入社しました。配属されたのは現場。社長の息子だからという「ひいき」はなし。体力的には決して楽ではありませんでしたが、すべてが新鮮で、働く喜びを実感していました。私はひたすらに素直に、がむしゃらに働きました。工場からはじまり、経理以外のすべての職場を体験しました。

# 03 副社長に就任

それから約10年後の２００５年、28歳の私は常務取締役と営業部門の統括マネージャーを兼任することになりました。

## 空回りする愛社精神

私は意欲に燃えていました。次期経営者として試してみたいことがたくさんありました。先進的な試みや社員教育で、業界のトップを走るのだと意気込んでいました。

しかし一方で、私は社内のすべてを把握していないと気が済まないようになっていました。幼い頃に培われた世の中は自分の思いどおりになるという性分が顔を出したのかもしれません。

私的な心などまったくなく、ただ「会社のために」と一心に思っていたのですが、それだけに、私はどんどん専制的になっていきました。

## 社長（父）にもズケズケと意見

あるとき、会社の受付に花が飾ってありました。通常なら「きれいな花だね。会社が明るくなるね。飾ってくれてありがとう」というでしょう。しかし私はそうではなかった。

「誰だ、ここに断りもなく花を置いたのは！」と怒っていたのです。

私は社長である父に対しても、遠慮せずにズケズケと直言していきました。

「社長、それはもう古い、間違っている」

私としては〝会社のために〟あえて意見していたつもりでした。

会社のためを思う気持ちは同じ。だから、立場は対等だ、として社長である父にも遠慮しませんでした。

それと同時に心の中では、私は父をとても尊敬していました。

会社では厳しく追及する一方で、家に帰れば、父が箸を持つまでは箸を持たない、父が風呂に入るまでは風呂に入らないなど、父の前を歩かない息子でした。

今になって考えてみれば、その態度は、本来取るべき態度と真逆でした。外では父を立て、家では親子としてフランクに付き合えばよかったのです。しかし、当時の私にはそれがわかっていませんでした。

## ピリピリする社内

当時の社内は、私のせいでピリピリし、社員は、私の顔色を見て常にびくびくしていたと言います。見かねた幹部社員３人が、私と腹を割って話し合う合宿の機会を設けてくれたこともあります。

お互いに涙しながら、腹を割ってとことん話し合いました。

「こんな自分についてきてくれる人がいる、なんてありがたいことなんだろう」

合宿を通して、私は人のありがたさ、大切さを痛感しました。

だが、こうして私と気脈を通じ合う社員がいた一方で、サボったり明らかに手を抜く社員もいたのです。

私はそんな社員がいると、厳しく叱責して反省を求め、私なりに「更生させてやろう。それが本人のためだ」と思い込んだのです。

人の心の真髄に入るときには細心の注意をはらわなければいけない。当時の私にはそれがわかりませんでした。私は何かが気に入らず、そうした社員を容赦なく怒鳴りつけました。

もっとうまいやり方、追い詰めない方法があったはずだ、と今では思います。でも当時の私は、そこまで入り込み、向き合い、更正させてあげる責任が自分にはある。もちろんそれは私の勝手な思い込みでした。

そんな出来事の後遺症で、私の心のどこかに社員に対する不信感が生まれていました。不信感は隠そうとしてもにじみ出ます。

社員の中に「自分たちは信じられていないんじゃないか」という空気が醸成されてきました。社内の雰囲気はどんどん悪くなっていきました。

少しでも手を抜いた行為は決して許しませんでした。手を抜く社員には容赦なく休日夜間問わず1日の報告義務をＷＥＢで課していました。私が接客などの会食から戻るまで待たせることもしばしばです。部下に厳しい口調で叱責する私の声を眠りにつこうとする子どもたちはどんな思いで聞いていたのか。思い出すと胸が締め付けられます。

# 04 頑張りすぎた改革

「そろそろ社長になったらどうだ？」

副社長を5年務めた頃、そう父に言われました。

そしてその2か月後の平成26年（２０１４）３月、私は40歳で第五代目代表取締役社長に就任しました。

父は同時に会長職として残りました。

父はその時、68歳。元気でした。ちなみに今でもまだ元気、ゴルフ大好きです。

今は事業承継が二極化しています。なかなか譲らない社長、早い時期に譲る社長。

父はまだ譲るには早い年齢だったと思います。

通常は2か月なんて短期間で事業承継は不可能です。

しかし、すでに副社長の私が経営を実質回しており、肝心なところだけ父が押さえる体制になっていたので、問題はないと感じました。

少し早いとも思いましたが「あいつは人の気持ちがわかる、きっといい経営者になる」という父の談話が地元の新聞に載っているのを見て、とても嬉しくなりました。

## 改革の成功と焦り

さあ、いよいよ思った通りに会社を動かせる。

私は意気込んでいました。今でこそコロナを経験し、ＡＩの台頭などでなくなる業種や人口減が叫ばれていますが、当時から私の関心はそこにありました。

「これまで１００年以上続いた会社を永続させるには今の事業のままでは無理だ」


私は大胆な社内改革を進めることを決意しました。

最初に取り組んだのは、人材育成でした。

ビジネスは何であれ、最後は人間です。人材さえしっかりしていれば、社会状況がどう変わろうが応用可能です。

それには若手社員の採用と社員教育だと私は考えていました。

最初の1、2年は私の改革は大成功を収めました。

私が採用した若手社員たちは順調に成長し、その頃のチームは若者たちで溢れていました。同業者が「若者がほとんど来てくれない」と採用の不調を嘆くなかで、私たちは順風満帆でした。社内は若手の働きで活力に満ちていました。

しかし、それとは裏腹に市場は縮小傾向でした。多摩地区で未開発の地域など、そうたくさんは残っていません。新築も改築も頭打ちです。

市場のパイはみるみる縮小していき、私が継いだ当初は100あったチャンスが70、50と減っていきました。会社の利益も当然減っていきます。

「いや、これはまずいな」

私はだんだん焦りを覚えるようになりました。

## なんとしてでもやらねば

若手社員たちが現状を把握せず、楽しそうに働いている様子にいらだつようになりました。

「もっと危機感を覚えてもらわなきゃ困る」

私は彼らに厳しく接し、社内外の状況を徹底して共有しなければと考えました。

あるときから私のその焦りが勝って、みんなで前向きにがんばるという雰囲気はかき消されていきました。

私自身も「やらねば」という感情で働くようになりました。


それまでもそうでしたが、私は、誰よりも早く早朝6時過ぎに出社していました。社内外の掃除から始めて、日中は会議や打ち合わせ、夕方から夜は会食、最後にはコンサルタントとの打ち合わせや、日報の報告、改善点の検討、さらに深夜までミーティングをしていました。

社長としては当然だと、それを毎日繰り返していました。

身体も心も疲弊します。仕事がまったく楽しいとは感じられなくなり、目先のことしか考えられなくなっていました。

経営者は先を見なければいけないのに、疲れ果て、義務感だけで働いていたのです。

そんな私についてくる社員はいませんでした。

## 社員が辞めていく

たとえどんなによい仕事をしていたとしても、苦しそうに働く経営者についてくる社員はいません。

社内の雰囲気はどんどん悪い方へ変わっていきました。

私が社長になった頃は、みんなでワイワイしながら「将来こうしたいね！」「こんな風に成長したい！」と話し合って決めていたのに、そういうことは一切止めてしまいました。

私はすべての社員の研修スケジュールも、成長の先の姿なども指示しはじめました。その結果、ある時期から若手社員が一人、二人と会社を辞めるようになりました。辞めた社員の多くは同業他社に移っていました。人材の流出が止めどなく続く状態に、私は焦りました。

そして、社員に面談を強要して説得するなど、必死の行動を取るようになりました。今にして思えばすべて、社員を守りたい、会社を守りたいという、責任感の裏返しだったかもしれません。

しかし、責任感が強すぎてしまった結果、私は仕事の成果ばかりに目が行き、社員の「心」を見ることができなくなってしまいました。

## 結局、社員を追い込んでいた

「なんで、できないんだ？」

社員に対して、そんな風に詰めよる経営者は最悪です。

ましてや心か身体が調子の悪い社員にそんなことを言ったら……。

しかし私は、病院にかかるほどでなければ「私がケアしてやりたい」と思い、どんどん社員の内面まで入り込もうとしていました。不調の原因は私自身なのに。

勝手に一方的に愛して、幸せの押し売りをやっていたのです。

「私の言うとおりやっていれば絶対幸せになるよ」と思い込んで、「こうあらねばならぬ」を押しつけていました。

当時の私には善意しかありませんでした。

しかし、だからこそ、それが逆効果だとは思いもつかなかったのです。

## 抵抗勢力は変化を好まない

変化は是か否か。

当時の私は二択で考えていました。

それまでの社歴の中で、会社は業態を何度も変化させてきました。長続きした理由はそこにあると私は今でも確信しています。

私は、「変化は是である」として、会社が新しい挑戦をし続ける風土を再度創出することを目指しました。

しかし、「変化は否である」として抵抗する力は強かった。

戦後から高度成長期、バブル、平成不況……多少の浮き沈みはありつつ、安定していた時期が長かったため、会社が業態転換を繰り返したことを多くの人々は認識していませんでした。

これは日本経済全体にもあてはまると思っています。

私は歴史が好きで、祖父母から話を聞くことも好きだったので、過去に学ぶ考え方が自然にできていたのでしょう。

時代に合わせて変える必要があるからこそ、何があっても対応できるように、人材育成を推進しようと決心していたのです。失敗はしましたが、考え方自体は間違っていないと思っています。


「変な社員教育をされては迷惑だ！」

若さなんでしょう。業界の集まりで
「いつまでもこんなやり方をしてては、何十年後に我々はどうなってるかわかりませんね」

などと啖呵を切ったこともありました。

私は、経営者として変われない人々を旧時代の遺物のように思って、内心で蔑んでいたのです。

「あいつ最近、言うことがおかしくないか？」

それまで同業の跡取りとして期待をかけてくれていた大先輩の方々から、苦い顔をされるようになっていました。

今にして思えば、オール・オア・ナッシングではなかったのです。

「先輩方が作ってくださったものは、これはこれで大事だ。それとは別にまた新しい柱も必要だよね」

と両方やればよかったのですが、私は、現状に甘んじているから改革できないと思い込み、せっかく機能していた仕組みを壊そうとしていた愚か者でした。

「人材を育て、他の地域にも進出しよう、本業のほかにも事業の柱を作ろう」

## 教育費に1億円使う

そう思った私は、思いつく限り、ありとあらゆる研修を社員に受けさせました。

社長になる前からその傾向はありましたが、社長になったらいよいよエスカレートし、私も研修をしましたし、一流の講師を呼んだり、合宿に行ったり、私自身の受けた研修を含めた社員研修に1億円は使いました。

しかし、私は良かれと思って改革を試みたのですが、社内にも業界にも社会人になってから学ぶという文化はありませんでした。

まず、既存のやり方にどっぷり浸かったベテラン社員から反発がありました。

彼らは巧妙に、社員教育が自分のキャリアのプラスになるはずの若手社員を取り込んでいきました。

## 「社長はコンサルタントに操られている」

「また先生に怒られる」

携帯が鳴ると私はヒヤッとしました。

社員に「幸せ」を押しつける一方で、私は当時、外部のコンサルタントに傾倒していました。

みなさん素晴らしい方でした。最後の方など、本当に親身になってやってくれたのですが、とにかく厳しかったですね。

私も経営者として未熟なのは自覚していたので、厳しく指導してくれるコンサルタントの存在は心の支えになりました。

いつの間にかコンサルタントに何でも報告、相談して、指導されたとおりに動く、というようなことをやっていました。

いくらコンサルタントが立派な理論を持ち、言うことが正しくても、これではいけません。

「社長はコンサルタントに操られている」

社員たちがそう噂するようになりました。社員は、社長の陰にコンサルタントを見てしまいます。そして「うちの社長はコンサルの言いなりだ」と内心バカにするようになります。

表面上は従いますが、内心ではバカにしているのですから、うまく行くはずがありません。

私は本気で言っているつもりでも「コンサルタントの言うとおりにやっているだけ」と社員たちには見えていたようです。非常にまずいやり方でした。

コンサルタントが悪いわけではありません。

私はただ「会社を守らなければ」というプレッシャーから逃げたかったために、自分から依存していったのです。

## 05 後継社長辞任

企業はクライアント、ビジネスパートナー、ステークホルダーなどさまざまな人が関与して、その人たちの支えで成り立っています。その大事な方々から徐々に厳しい批判が増えてきました。

「アンタの会社だけ変な社員教育をされては迷惑だ」

業界に迷惑かけることはなかったのですが、顧客やビジネスパートナーからは、厳しい指摘を受けました。

### 筒抜けの社内事情

私の言動の影響もありました。また狭い業界ですから、社員どうしの繋がりを通して、社内のことはほとんど筒抜けだったでしょう。

退職者続出で業績はガタ落ち、とうとうビジネスパートナー様からもこう突き付けられました。

「社長を交代したらどうだ？」

昔から私を知っていて、息子のように可愛がってくれた人たちでした。

同席していた父は、「すいません、すいません」と何度も頭を下げました。

私は「どうしてうちが謝る必要があるんだ」と憮然とした気持ちでした。

父が「こいつもがんばっているので、もうしばらく、見守っていただけませんか？」と取りなしてくれたため、私は半年間の猶予を得ることができました。

研修をやめ、社内を立て直す、コンサルは解任する、他社のエリアで営業をしないなどを一方的に告げられました。

「半年後、様子を見に来るから」といって皆は去って行きました。

半年後、変わっていなければ私は社長を辞める、という約束です。

そして半年後。

「いいかげんにしてくれ。あなたが社長でいる限り、おたくの会社には卸せない」

とうとう原材料メーカーの会長にそう言われてしまいました。

「いや、うちの会社のこと、なんでそんなこと言われなきゃいけないの」

私の気持ちはますます頑なになっていきました。

しかし、商社ですから、仕入れができなければ仕事にならない。

私が社長でいては、会社が機能しない。もうダメか……私は父に言いました。

「俺が社長だと売ってくれない。もう辞めます」

「ありがとう」

父はその時、私に深々と頭を下げました。


私は志半ばで、社長の座を父に譲りました。平成31年（2019）2月、父が再び代表取締役社長に就任しました。

「お前、3年間雲隠れしろ」

父は私をそのまま代表取締役社長に据え置き、登記も、持ち株も変えず、私に3年間、別の仕事をするように言いました。

「席はちゃんと残しておくから」と。

## 再び社長として舞い戻るが…

それからしばらくして、私は再び社長の座に戻りました。登記上もそのままにしていたのです。

しかし、取引先との信頼関係は回復することはありませんでした。私は直接お客様に状況を説明して回ったりしましたが、会社の内情が不安定になっているところへ、ライバル社はこれまでのお返しとばかりどんどん切り崩しに掛かってきます。昔からのビジネスパートナーはもう私とは口も聞いてくれません。

社員も次々と辞めていきます。

## 社員から涙の訴え

「社長、今夜、お時間いただけますか？」

「ああ、いいよ」

ある部下に呼び止められて私は快諾しました。それが企みだとは気づかずに。

夕方６時、指定された会議室に行くと、そこには若手から幹部まで社員全員がいました。全員と向き合う形で私が座ります。

まったく予想だにしていなかった展開に、私はビックリしました。

「社長、あなた、この会社をどうしたいんですか？」

「何って、それは、いつも言っているとおりだよ」

詰め寄る社員に答えながら、私はその時に気づきました。いろんな社員教育をしてきたけれど、社員に、自分で考えることを教えてこなかった。

社員は私に命じられるまま「やれ」と言われることをやっていただけ。いえ「やらされていた」だけでした。

一緒に会社を盛り上げようと、どんなに私が働きかけても一方通行で、彼らの頭の中には一切残っていなかったのです。

「将来どうしたいんですか？」

「いや将来って……君たちだって、まだ何年も働く。その君たちのために、私はいろんな研修や改革をやってきたじゃないか」

私は自問自答しながら答えました。

ある社員はこういいました
「あなたには会社にいてもらいたくないです」
なかには泣き出す女子社員もいました。

私は、こう言い返せばよかったのです。

「あなたたちは自分の意志で会社に来ているはずだ！　この会社をよくするのが私の使命だから、私はここを去るわけにいかないんだ！　私のことがイヤだったら、あなたが方向を変えることを考えてくれ」


でも言えなかった。何も言い返せなかった。

言い返せなかったのは、私自身も主体的に社長をやっていたわけではない、という証拠でした。

長男に生まれたから、跡取りだから……そんな義務感だけで、社長をやっていた、主体性を持たずがんじがらめになっていたのは自分だったと、初めて私は気づいたのでした。

## 幸せの押し売り

当時、私についてきてくれた社員はたった二人でした。私に共鳴してくれていたのか、仕方なくついてきたのか、私にはわかりませんが、会社に居づらい思いをしたのではないかと、今でも申し訳なく思っています。

社員には遠くを見て仕事をする余裕がありません。遠くを見るのは経営者の仕事です。

しかし、当時の私は社員にも同じように高い視座で遠くを見るよう願っていました。私は「幸せの押し売り」をしようとしていたのかもしれません。

一人ひとり、別の人間です。それぞれ仕事への想いや幸せの感じ方が違うのに、「こうでなければ」と決めつけたのです。

違いを認めたうえで信頼し、みんなで一つの目標に向かっていくことができなかったのが、私の失敗の原因でした。

「人間が浅はかで無力だと宿命になる。人間が磨かれてくると運命になる」（安岡正篤）。宿命とは義務感だけでがんじがらめの状態を言います。

## 適性を見抜いていた母

6年前に亡くなった母はのんびりとした性格の人でした。しかし、洞察力は素晴らしい人でした。

周りの人すべてが私を跡取り息子と持ち上げるなかで、母だけが本来の適性を見抜いていたのでしょう。母は私に「家業を継がなくてもいい」と伝えてくれたことがあります。それも2回も。

1回目は、大学生の時。

「あなたね、家を継ぐことだけが人生じゃないのよ」

私はせっかく入った大学にもほとんど行かず、毎晩飲み屋のバイトが楽しくて、昼夜逆転生活を送っていました。

母は父にも言っていました。

「あなた、謙一郎はやりたいことがあるんじゃないの」

「いや、そんなことはない。あいつを信じて待っていろ」

「でも、弟のほうが経営者に向いているような気がするわ」

そんな会話をしているのが聞こえました。

2回目は私が社長を引き継いで3年目、母が白血病で入院していた頃です。その時に病室で二人きりになったとき、母は言ったのです。

「いや、あなたね、今の会社だけが仕事じゃないんだから、好きなことやっていいと思うよ」

私は必死で社長業をこなそうとしていた頃でした。

「俺がこんなに一生懸命やってるのに、おふくろは何言ってんだ、会社が俺の命なんだから、俺はやるよ」

その時、母は何も言い返しませんでした。

数か月後、最愛の母は息を引き取りました。

母の言っていたことが、今私の胸に強く残っています。

# 06 弟が社長に

「厳しいですね」

最終的に金融機関からそう告げられたとき、私にはもう続投する気力が残っていませんでした。

父に「やっぱりダメだ。もう完全に辞める」と伝えました。持っていた株も過半数を切るよう一部譲渡し、会社には二度と戻らないと決めました。

私が会社を去った後、現在は弟が社長をしています。弟は私よりも何倍も優秀で冷静な男です。きっと時代の先を読み、素晴らしい企業へと発展させてくれると信じています。私は持ち株のすべてを弟に売却しました。

私は、自分の失敗を教訓に、社長としての意思決定や後継者を支援する事業を立ち上げようと決意し、今では多くの企業や経営者のエグゼクティブ・バディを務めています。

自分の熱意を傾け、自分のしたいように事業を興す、創業は私の性にあっていたようです。母が言うように、確かに事業を継ぐことは私には向いていなかったのかもしれません。

それに、会社を辞めた私を、地元の人は忘れずにいてくれました。そして何よりも、多くの機会を与えてくれて、主体的に人生を歩むことの素晴らしさを教えてくれた両親に心から感謝しています。

# 第2章

# 失敗の原因は「準備不足」

07

# 今すぐ事業承継をスタートしよう

## 事業承継は時間がかかる

「いずれは、あいつに会社を譲る」

「そのうち、息子に経営を任せよう」

多くの経営者がそう心に決めています。

しかし、心に決めているだけで、事業承継に向けてのアクションはこれから、という人が少なくありません。

もし、あなたがまだ事業承継の準備を始めていないなら、今すぐにでも事業承継をスタートさせることをおすすめします。

なぜ、すぐなのか――。

最大の理由は、事業承継には「時間」がかかるからです。

たとえ後継者がどんなに優秀であったとしても、「任せたよ！」とポンと渡せるほど経営は簡単なモノではありませんよね。

想像してみてください。

後継者は、経営者が抱えている膨大な量の仕事や人間関係、そして責任を引き継ぐのです。

現在の経営者が１００％仕事から手を引いても、会社が引き続き発展するように、段取りを整えなければなりません。

## 事業承継には5年かかる

帝国データバンクの事業承継に関する企業の意識調査」（２０２１年8月）によると、調査を行った企業の半数以上が後継者への移行に3年以上かかると回答しています。（＊後述しますが、実際には5年はかかると考えてください）

また、６～9年程度は13・８％、10年以上は11・２％の割合を占めました。多くの企業が事業承継に少なくとも3年程度、より長いスパンで見るなら6～10年程度の期間を見込んでいることがわかります。

準備期間を含めると通常で10年、早くても5年。

事業承継にはそれだけの時間がかかります。

5年後、10年後に譲ると考えるなら、今すぐ始めなければ間に合わないと思いませんか？

## 人は永遠には生きられない

「俺はまだ元気だ」

「あいつにはまだ早い」

本当にそうでしょうか？

もちろん、今はそうでしょう。でも……

ものすごく当たり前のことを言いますが、誰もが必ずいつかは衰え、死んでいきます。今は元気でも、来年、再来年、その次の年も今と同じ状態でいるはずと言い切れないのが人間です。

私だって、毎日元気に駆け回っていた子ども時代に、いきなり脳溢血で倒れて生死の境をさまよいました。

誰にでも、ある日突然不慮の死を遂げてしまった友人や知人がいることでしょう。

そういうことがあるのが人間だという前提で考えているでしょうか？

事業承継に踏み切るためには、経営者が「永遠に社長を続けることはできない」という事実を認めることです。

## 日本の会社、70歳以上の社長が3割

日本の社長の平均年齢は、60・1歳（２０２１年、帝国データバンク調べ）。

確かに今の60歳代はひと昔前に比べるととても若い。

しかし、経営者を年代別の割合で見ると70代以上の割合が約3割と最多です。

日本人の健康寿命（元気でいられる平均の年齢）は、男性72・68歳、女性75・38歳です（２０２１年）。

明日、社長が病気で倒れてもおかしくありません。

自身の健康問題においても、後継者のことを考えるべき社長がたくさんいるはずです。

もちろん、そんなことは誰もが常識として知っています。

ただ自分のこととなると、つい目をそらしてしまう、考えるのが恐ろしくなってしまう。だから事業承継が進まない、そういう心理もあるのではないでしょうか。

## 経営者の仕事はグラウンド・キーパー

２０２３年のＷＢＣでの日本選手の活躍を覚えていますか？

昔から組織は野球にたとえられます。では会社を一つの野球チームにたとえると、社長の役割はいったい何でしょうか？

４番バッター？　ピッチャー？　強引に自分がぐいぐいぐいぐい引っ張るリーダーシップも時には必要かもしれませんね。

すべてを受け止めるキャッチャーという答えもありそうですね。いろんなリーダーシップの取り方があります。

コーチや監督？　その役割もあるでしょう。

どれも正解ですが、それに加えて、どうしても経営者に欠かせない役割があります。

それを野球にたとえると……答えは、グラウンド・キーパーです。地味ですね。

皆が活躍する場を気持ちよく使えるよう整え、それぞれの持ち味を発揮できるようにする。このグラウンド・キーパーの役割は必ず持ってないといけないですね。

## 何でも自分でしようとする社長

仮にあなたが森で木を切る企業を経営しているとします。

現場の社員が実際に木を切る役割を果たし、マネージャーがそのための道具を準備し、手入れをする。社員が斧を使って疲れた時、マネージャーが斧を研ぎ直し、現場に戻すという具合です。

そして経営者の仕事は、高台に登って「あっちの木を切ってくれ。いや、こっちにしよう」と切る木を指示すること。本来はこれがあるべき姿です。

しかし、多くの中小企業の経営者は、自身で問題を解決したいという気持ちから、自身で木を切り、マネージャーと一緒に道具の手入れまで始めてしまいます。

そうしている間に、「どの方向に進むべきだったか？」と改めて高い位置から見渡す必要が生じます。木に登ったり降りたり。そうしている間に、気がつくとあっというまに1年ぐらい経ってしまうでしょう。

日々の業務に追われると、未来に目を向ける余裕がなくなってしまいます。

## 経営者は視座を高く保つ

問題が起きれば自分が直接解決しなければならないという思い込みは、じつは社員に任せられていない、つまり社員を育てていない証拠です。

業務の属人化は、継続的な経営を困難にします。少しきつい言い方をすれば一種の自己満足です。

そこから脱却しなければなりません。

足元の日々の業務は社員に任せつつ、経営者自身や後継者は、視座を高く保つべきです。

経営者として重要なのは、視野を高く持ち、未来に目を向けることです。

経営者は、少なくとも週に2日、あるいは1日のうち朝の2時間は、電話を切って一人の時間を作るなど、未来について考える余裕を持つことが必要なのではないでしょうか。

# 08 事業承継こそは経営者の仕事の本質

## 事業承継には正解がない

事業承継の形は百社あれば百通りです。承継するべき事業も違えば、経営者の個性も、後継者の個性もそれぞれ違う、目指す形はケースバイケースです。

正解がないからこそ難しい。「これでいいのだろうか」と不安になり、どんどん問題が大きく見えてしまいます。

しかも、多くの経営者が一生のうちに何度も経験するわけではありません。

不慣れで、どこから手を付けていいのかわからない、と途方に暮れてしまう心理もあるかもしれません。だから、多くの経営者は、「まだ早い」「面倒くさい」と言い訳をして事業承継に手に付けられずにいるのです。

**重要度・緊急度のマトリックス**

| | 緊急 | 緊急ではない |
|---|---|---|
| 重要 | ①<br>**重要かつ緊急である**<br>・差し迫った仕事<br>・急務への対応 | ②<br>**重要だが緊急ではない**<br>・事業計画、戦略策定<br>・将来の指針や新規事業 |
| 重要ではない | ③<br>**重要ではないが緊急である**<br>・急ぎのメール対応<br>・多種多様な会議 | ④<br>**重要でもなく緊急でもない**<br>・種々雑多なメール対応<br>・書類の整理 |

その気持ちは理解できます。しかし、ここで経営者の仕事の本質に戻って考えていただきたいのです。

重要度と緊急度を縦軸横軸にした、時間管理のマトリックスを思い浮かべてください。

①の重要で緊急なことはもちろんやらなければなりません。ただ常に経営者が緊急事態に関わっているのは、安定的な経営とは言えません。できれば社員に任せたいですね。③④は誰かに任せればいい。経営者みずからがすべきは、②の重要かつ緊急ではないことです。

事業承継こそ、まさにそのものではないでしょうか。

## 「譲る」という決意を固める

事業承継を成功させるために、最初にするのはなんでしょうか？　後継者選び？　取引先や銀行への手回し？　従業員への周知？

いずれも違います。事業承継を成功させるために最初にすべきは、経営者自身が「譲る」と決めることです。

中小企業の経営者は、仕事に命をかけています。そんな経営者が「〇年後に会社を引退する」と自分の引き際を決める、これは非常に辛く、勇気が必要なことです。でも決めないといけません。「いつか」必ず自分に引導を渡す日が来てしまう。「いつか」は必ず訪れることを自覚してからスタートしないと進みません。

事業承継を「自分が退場する準備」と考えると寂しく辛い作業に見えるかもしれません。しかし、事業承継は、単なるビジネスの継承ではありません。

こう考えてみたらどうでしょうか？　事業承継は自分の思いが永遠に輝くための手段だ、と。自分が引退した後も、自分の意思を未来に託すために、事業承継をしていくのです。

# 09 事業承継のさまざまな形

事業承継にはさまざまな形があります。承継形態の種類とメリット・デメリットや注意点などをまとめました。

私の場合は❶の「長男が継ぐ」ですが、結果的に❷になったというケースです。長男と次男が共に「継ぎたい」と希望し、あるいは長男を次期社長に二男を次期専務にするといったケースもありますが、こういうケースではきょうだい不和が起こる場合もあります。

**❶長男が継ぐ**

メリット：事業の連続性が保たれ、家族内でのコミュニケーションも円滑。

デメリット：才能や意欲がなくても継承した場合、経営効率が下がる可能性。

注意点：長男が事業を継ぐ意欲や能力を十分に評価する。

**❷次男や三男が継ぐ**

メリット：長男が継がない場合の代替策。

デメリット：家族間での競争や不和を引き起こす可能性。

注意点：きょうだい間の不平等感を避け、事業承継について公平な対話を行う。

**❸娘が継ぐ**

メリット：男性がいない場合や、娘が適任者である場合に有効。

デメリット：伝統的な文化や習慣により、受け入れられない場合も。

注意点：娘の承継に対する意欲や能力を評価し、家族や従業員の理解を得る。

**❹娘婿が継ぐ**

メリット：適任の男性がいない家庭で、家族経営を続けるための手段。

デメリット：娘婿が価値観や経営方針を理解し、尊重するかどうかが不確定。

注意点：娘婿の適性を評価し、事業に対する理解と承継への意欲を確認する。

**❺その他の親族が継ぐ**

メリット：適任者が直系家族内にいない場合の対策。

デメリット：家族内での政治的な問題や競争を引き起こす可能性。
注意点：親族間の平等性を保ち、事業承継について公平な対話を行う。

**❻社員またはビジネスパートナーが継ぐ**

メリット：すでに事業の運営を理解している。
デメリット：経営者としての経験やスキルが不足している可能性。
注意点：経営に必要なスキルを持っているかどうかを確認し、訓練を提供する。

**❼第三者が継ぐ（企業買収）**

メリット：新たな視点やリソースがもたらされ、事業の拡大に繋がる。
デメリット：企業文化の維持や従業員の雇用安定が保証されない。
注意点：事業の価値を適切に評価し、取引を適切に行う。

## 親族内承継のポイント

後継者が社内外から受け入れられやすく、相続税などの優遇措置がありますが、後継者の教育や相続問題などに注意が必要です。後継者の適性や意欲を確認し、早めに教育や経験を積ませることが大切です。また、他の親族や社員との関係やバランスも考慮する必要があります。

## 従業員承継のポイント

後継者の資質を見極めた上での承継になります。社内の理解も得やすい一方、社内分裂や株式の買い取りなどに注意が必要です。現経営者との信頼関係はありますが、他の役員や従業員とのコミュニケーションも欠かせません。

## M&A承継のポイント

社内や親族に適切な後継者がいなくても事業を継続できますが、買い手企業との交渉や価格決定などに注意が必要です。自社の事業価値や強みを把握し、買い手企業との相性や条件を慎重に検討します。同時に、売却後の現経営者の役割や立場も考えておきます。

# 10 迷うことなく専門家に頼れ

## 専門家をブレーンにする

答えは簡単です。専門家に「どうしたらいい？」と相談すればいいんです。時間は有限です。どんどんショートカットしていきましょう。

具体的な相談先としては、すでに取引のある税理士、銀行、そして私のような経験者です。

**税理士**にはときどき面談していますし、経営内容も知っています。ふだんからかなり突っ込んだ会話をするので、相談しやすいですね。

ただ、税理士は税務や会計の専門家ですから、事業承継についてはあまり詳しくない方もいます。

しかし、士業の先生は、横のパイプを持っています。苦手分野については、専門家のネットワークを活かして紹介をしてもらえばいいでしょう。

**銀行**に事業承継を相談すると、意外に前向きになってくれます。ほとんどの銀行のサイトには「事業承継計画書」のサンプルや雛形が用意されています。それだけ銀行が事業承継を重要視しているということです。

だって、経営が危なくなったら融資が回収できません。現在の経営者が高齢ならそれだけでリスクです。会社がより発展するよう、メインバンクは特に真剣に考えてくれるはずです。

また、銀行から**弁護士**、**社労士**などノウハウを持ったスペシャリストを紹介してもらうこともできるでしょう。

そして、参謀的役割を担ってくれるのが幕賓《ばくひん》と呼ばれる伴走支援者です。徳川家康には本多正信、豊臣秀吉には黒田官兵衛と、名武将には幕賓がついていました。

現代で言えばこれは寄り添い型の伴走支援者でしょう。専門家ならではの知見を生かし経営者の悩みに寄り添って伴走してほしいならば、経験知としての見識の高い伴走支援者に依頼するのも一つの方法です。

私は自分でコンサルタントとの関わりで失敗した経験があるので、長くて2年、うまくいけば1年ぐらいで契約満了するという形が理想だと思っています。いつまでコンサルタントにお願いするか卒業時期を決めず、ズルズルと付き合うことはおすすめしません。

専門家は専門家ですから、それぞれの専門分野しか見ていない可能性もあります。経営的視点でのアドバイスを得るためには、その専門家に会社経営の経験があるかどうかもチェックポイントです。

## 相談相手は信頼できる人に

事業承継は、会社の根幹に関わる重要事項です。相談相手は誰でもいいわけではありません。会社の内情を明かすことになるのですから、信頼関係がなければ相談できません。

漠然とした言い方になってしまいますが、相手が信頼できるか、というのも大切なポイントです。

たとえ相手が専門家でも、よく知らない人には「事業承継したいんで教えてください。自分の会社はこうで、うちの息子はこうです」とは相談できません。

日常の人間関係の中で、そこまでしっかり相談できる相手はいるでしょうか？

経営者なら、日常的にそうした人脈をしっかりと構築しておくべきです。ふだんから信頼できる専門家と良好な関係を築いておくことは、事業承継のためばかりではありません。当然、事業にも、経営者本人の人生にもプラスに働くのです。

企業の大黒柱たる経営者が経営コンサルタントに過度に依存するのは危険です。真に長く信頼関係を育む伴走者たり得るか見極めが重要です。

## 事業承継の相談費用

事業承継の相談費用はケースバイケースです。

顧問料に含まれるパターンや、成功報酬等のパターンがあります。

信用金庫やメガバンクなどは、相談は基本的に無料ですが、実行の際に数十万円から１００万円程度の費用がかかることが多いようです。

相談後に見積を出してもらって確認しましょう。

# 11 事業承継で引き継ぐのは何か

## 事業承継で引き継ぐ3要素

事業承継で引き継いでいくのは「人」「資産」「知的資産」の3つの要素です。

**人（経営）**：経営権、後継者の育成・選定、後継者との対話、後継者教育

**資産**：株式、事業用資産（設備・不動産など）、資金（運転資金・借入金等）

**知的資産**：経営理念、経営者の信用、取引先との人脈、従業員の技術やノウハウ、顧客情報、許認可

「資産」については、あちこちにノウハウがありますし、士業の専門家などアドバイスを授けてくれる人は多くいます。極端なことを言えば専門家に頼れば解決する問題

です。肝心なのは、「人（経営）」と「知的資産」です。本書ではここにフォーカスしています。

## 企業の知的資産

知的資産には次のようなものがあります。

❶経営戦略や事業方針、営業戦術の基本となる「経営理念」
❷ノウハウや情報を持つ従業員と組織
❸固有の価値観、「社風」

じつは、中小企業はその知的資産が利益の源泉であり、成長の原動力であるケースが多いのです。知的資産は形がない「文化」だけに、継承が難しいという問題がありますが、誰がどう引き継ぐかが事業承継の成否を分けるポイントになります。

## 事業承継で必要なアクション

事業承継で必要とされるアクションを（ごく簡略化して）次ページに一覧にまとめました。それぞれの立場ですべきことをチェックしてみてください。

| アクション項目 | 現経営者がすること | 後継者がすること | |
|---|---|---|---|
| ❶ 目標設定 | 事業承継の目標を明確に設定し、全体的な方向性を決定する | 経営者の方針を理解し、ビジョンに共感を持つ | |
| ❷ 承継者の選定 | 可能な承継者を評価し、最適な候補者を選出する | 自身の適性と経営者のビジョンに照らして意欲を示す | 意思決定 |
| ❸ 財務・税務の確認 | 企業の財務状況を評価し、税務面での影響を調査する | 企業の財務状況や税務の基本を理解する | |
| ❹ 事業承継形態の選択 | 事業承継の形態を選択し、その手続きを開始する | 選択された事業承継の形態を理解し、必要な準備を始める | 準備段階 |
| ❺ 承継計画の策定 | 承継者の教育と訓練のプログラムを開始し、財務計画と税務戦略を策定する | 教育・訓練を受け、企業のビジネスと財務について学ぶ | |

| アクション項目 | 現経営者がすること | 後継者がすること | |
|---|---|---|---|
| ❻法務面での準備 | 所有権の移転、新たな組織体制の設定、契約の見直し等を行う | 承継に関連する法務手続きや契約の変更を理解する | 準備段階 |
| ❼コミュニケーション | 承継計画を全ての関係者に伝える | 承継計画に基づくコミュニケーションを行い、信頼を築く | |
| ❽承継の開始 | 初めてのリーダーシップの役割を承継者に任せ始める | リーダーシップの役割を受け入れ、経営に関与を始める | 実行段階 |
| ❾承継の完了 | 全てのリーダーシップの役割が承継者に移される | 全てのリーダーシップの役割を引き継ぎ、経営を主導する | |
| ❿実行と評価 | 承継後の計画の評価と調整を行う | 実行した計画の結果を評価し、必要に応じて調整する | |

12

# 社長の座を譲るのは大変な責務

中小企業はいわば経営者でもっている部分が少なくありません。社長の営業力、商品開発力、技術力、人脈力など、今の経営者の活躍によって会社が成り立っています。その会社の経営を誰かに譲るというのは、会社経営の根幹にかかわる一大事です。事業承継の在り方は会社経営を左右するのです。

## 自分の代で会社を閉めるのか

「私の代で会社をたたむしかないんですよ」

ある経営者はそう言って肩を落としました。

日本の中小企業の抱える大きな問題が「廃業」です。

中小企業庁の調査によると、「自分の代で廃業するつもり」という中小企業が52%、半数以上にものぼります。

コロナ禍で打撃を受けた会社についてはまだ反映されていない数字ですから、現在はこれを大幅に上回っている可能性もあります。

日本の産業は中小企業が支えていると言っても過言ではありません。

中小企業の危機はそのまま日本経済の危機です。

それなのに、なぜ廃業せざるを得ない企業が多いのでしょうか。

同調査では「後継者の不在による」は29％と、たった3割以下です。廃業理由で一番多いのは「事業承継する意向がない」です。

「ＡＩが出てきてうちのやり方じゃ時代に合わない」

「海外との価格競争にはもううんざり」

「とても成長が望める業界じゃない、もう無理だ」

「息子には同じ苦労はかけたくない……」

どれも、わかります。

## 今の経営不振は後継者を決めていないことが一因

しかし、そうなってしまったのは、なぜでしょうか？

私は後継者を育成してこなかったことが、そんな状況に追い込まれてしまった原因だと考えています。

経営者の子どもでも、幹部社員でも、後継者となる人材さえ育成していれば、状況は変わっていたのではないでしょうか。

次期経営者がいれば、ＡＩなど新しい技術に対応したやり方を考えたり、海外に勝てる独自商品を生み出したり、自社の技術で新しい業界に飛び込んだり、これからの時代に対応した経営を考えるでしょう。

失われた30年を生き延びるのに精いっぱいで、目の前の仕事だけをこなすしかできなかった。後継者育成を怠っていた。それは仕方がありません。

そこを何とか打破し、未来につなげるには、今からすぐに後継者育成にとりかかるしかありません。

## 「いい思いをしたい」経営者は事業承継できない

ところで〝社長〟にはいろんな人がいます。

なかには、経費を使って高い店で飲み食いして、いい車に乗って「俺は社長だ」なんて威張るタイプの人もいます。そういった人は事業承継が難しい。だって、自分だけがいい思いをしたいのですから、なかなか譲れません。

戦後の復興、高度成長時代から拝金主義にどっぷり浸かって「儲けさえすればいい」「自分だけがいい思いをしたい」という人には難しい発想かもしれません。

最悪、死ぬまで社長の椅子にしがみつき、最後は「やっと死んでくれた、よかった俺の天下だ」と息子が喜ぶ。そんな事態になってしまいます。

## 変化できない会社は消える

ようかんなど和菓子で有名な虎屋。創業は１５２６年です。室町時代の後期に京都で商いを始め、以来５００年の永きにわたって存続している老舗中の老舗です。

日本には、創業１００年を超える長寿企業が何社あるか、ご存じでしょうか？

２０１９年の調査では、全国に３２５９社あることがわかっています。このうち、２００年を超える企業は１３４１社、３００年以上は６３６社、４００年以上は１５３社もあるのです（帝国データバンク調べ）。日本は世界でもまれな、長寿企業大国と言えるでしょう。

これらの企業の共通点は、時代の変化に対応している、ということです。一見変わらないように見えても、時代に合わせてマイナーチェンジやバージョンアップを繰り返しています。

世界は、ある日突然、一変します。３年にわたる新型コロナ禍、ロシアによるウクライナ侵攻、１ドル１４０円を超える止まらない円安……。生き残るためには、時代の変化にためらわずに対応していく必要があります。

中小企業だからこそ、恐れずに事業の形態を見直すべきなのです。

## 炭平コーポレーションの後継者の育て方

長く続いている会社はみな、根幹を守りながら、変化に適応する方法を常に模索しています。

建設材料を手掛ける長野県の炭平《すみへい》コーポレーションは、代々の社長が既存事業に関与せず、新規事業に専念するという伝統があります。

既存事業は社員が守り、社長は新しい可能性を探ります。

後継者は社長になる前には社員の一人として、先代社長が始めた新規事業も含め、既存事業の経営を学びます。しかし、社長に就任したら、それらの事業から手を引き、新たな挑戦をします。

現在の事業を回す社員は社員で、適当な時期にその役割を次の人に譲ります。しかしそれは、事業承継とは別次元の業務の引き継ぎと考えるべきでしょう。

社長は新しいことを始めるという使命があるのです。

これが、４００年前から続くこの会社の伝統です。この会社の後継者は、小さい頃からそういう風にして育つため、おのずといろんなところに興味を持つ、アンテナが外に向いていくわけです。

企業が長く存続するには、変化に対応できることが必須です。

13

# 親子承継には大きなメリットがある

## 社長の本音は「我が子に継いでもらいたい」

「息子が継いでくれなくてもいい」

「あいつはあいつで、好きな仕事をすればいい」

多くの社長がそう言います。

しかし、それは本心でしょうか？　多くの社長の本音は我が子に継いでもらいたい、と考えているようです。

データを見てみましょう。２０２１年７月に日本政策金融公庫総合研究所が行った「全国小企業月次動向調査」（対象企業１５００社、回答率85・８％）によると、後継者が「決まっている」企業は27・６％、「決まっていないが、承継させたい人はいる」

企業は8・3％。

その両者に対して、だれを後継者にしたいかを複数回答で尋ねたところ、

**「長男」54・1％**
**「長男以外の男の実子」13・9％**
**「役員・従業員」13・6％**
**「長女」9・5％**
**「長女以外の女の実子」1・5％**
**「義理の息子」5・8％**
**「社外の人」3・5％**
**「その他の親族」3・2％**

という結果になりました。

後継者候補として「長男」が圧倒的に多数です。それ以外も含めると、実の子どもに継がせたいと考えている経営者が79・0％、義理の息子・娘を含めると、85・0％を占めています。つまり多くの経営者は、本音では我が子に会社を継いでほしいのです。

## 親子承継のメリット

実際、親子承継にはさまざまなメリットがあります。

何よりも「次の経営者が誰になるか」という議論になった際、親子間での承継は誰が見ても最も納得を得やすいという利点があります。

さらに親子間での事業承継では「目に見えるもの」（設備、リソースなど）だけでなく、「目に見えないもの」（ビジネスノウハウ、信頼関係など）も引き継ぐことが可能です。

整理すると、次のようなメリットがあります。

●先代社長（親）が築き上げた顧客や地域社会からの信頼関係を引き継げる。

●ビジネス運営のノウハウや業界知識を、親から直接継承することができる。

●親子二代の長期的な視点でビジネスの意思決定を行うことができる。

●ミッションやビジョン、ビジネスの存在意義や誇りを守ることができる。

子どもの立場から見ると、親が大切にしてきたものを引き継ぐことで、自身がビジネスの主役であるという自覚を持つことができ、同時に「親を失望させたくない」という意識から、どんな困難にも立ち向かう決意（モチベーション）が生まれるのです。

## 引き継ぐべきは「本学」

事業承継で残すのは会社組織そのものだけでなく、会社の「意思」「考え方」です。自分が人生を捧げてきた創業の意思や、考え方を誰かが継いでくれる、というのは、例えて言えば、自分の魂が永遠に続くようなもの。素晴らしいと思いませんか？　自分の血を分けた息子や娘が引き継いでくれる、それが親族内承継の素晴らしいところです。

人間修養の古典である「四書」の一つ『大学』に、「その本乱れて末治まるものはあらず」という言葉があります。

この言葉の「本」は「本学」、「末」は「末学」を指しています。

企業にとっての本学とは、創業の精神、家訓のような存在、親から受け継いだ価値観というようなもの。末学は仕事における技術や知識、さまざまなスキルです。

本学は、時代を経ても変わりません。末学は時代と共に変遷します。

どちらが大切なのかは言うまでもないでしょう。「本学」を正しく受け継ぎ、次の世代にも伝えることが後継者の使命です。

素晴らしい企業、成長する企業は、本学を大切にしています。大切なのは人間としての原則、基本的な行動指針を守ること。当たり前のようですが、実際にはなかなか守り続けることは難しいのです。

ちなみに「本末転倒」という言葉がありますが、これは本学と末学が入れ替わってしまった状態を言います。この本末転倒状態になっている企業が多いのです。

好況の時代なら、変化を捉え、技術を進化させていくことで、大きく利益を上げることができます。しかし、それだけでは対応できない状況が必ず訪れます。

そこで「本学」、つまり会社の根底に流れる理念や信念といった、本質に立ち返る時が来るのです。

後継者がこの「本学」を理解し継承していれば問題はありません。でも商売繁盛の追求にやっきになって、忘れがちになることも事実です。

後継者が本学から外れそうになった時、親がしっかり指摘してくれればどんなに心強いことでしょう。これも親子承継のメリットです。

本学を引き継ぐという共通認識をもって、事業承継を進めていってください。

## 事業承継をきっかけに親子関係が好転することもある

事業をしているかどうかにかかわらず、どんな人にも親子関係はあります。わだかまりのまったくない親子はまれでしょう。仲がよくても「親父ともっとこんなこと話しておけばよかった」と後から思うものです。私も、他界した母親と、もっとこんなふうに話しとけばよかったと思うことがあります。

もし、こじれて喧嘩したまま、二度と会えなくなってしまえばなおさらです。一生の後悔になってしまうかもしれません。

親子関係は親が生きているうちに解決したいものです。

でも、親子だからこそ、その問題の解決は一筋縄ではいきません。相談できる人も少ないのが実情です。

親子関係と上司部下の関係、その両方の関係性があり、現社長と現社員の関係性、後継者と元社員の関係性などを考えなくてはならないので、ときに親子承継は複雑な人間関係になることもあります。

関係がうまくいっていない親子にとって、事業承継は問題を一層複雑にする要因にしてしまいます。

しかし、視点を変えてみれば、事業承継というプロセスを通じて親子関係が改善する可能性もあります。親子であるだけでなく、ビジネスという異なる角度から問題にアプローチすることで、新たな解決の道が開けるかもしれません。

親子関係が破綻していて、事業承継がうまく進行する状況は、はたして幸せでしょうか。一人の人間として人生の幸せを考えた時、会社経営よりも親子関係のほうが大事だと思いませんか？

「家族円満」——私自身、最も大事にしていることです。

## さまざまな選択肢も考える

どうしても長男、男子にとらわれてしまいがちですが、跡取りは男子のみ、という考えはもう時代遅れです。

女性が跡取り娘として家業を継ぐという選択肢も増えてきています。女性社長も今は珍しくありません。「娘」も選択肢に入れて考えてみましょう。

また、養子や娘婿に承継するというケースも老舗などでは見受けられます。親族内にこだわる場合は有効な手段ですが、途中で「やっぱりやめる」はできません。養子縁組の前に数年間、お互いに見極める期間が必要です。

## 後継者が経営者に向かない時

「うちの息子は、おとなしすぎて経営には向かない」

カリスマタイプのリーダーである現経営者からすると、後継者は仕事に対する熱意が低く見えることがあるかもしれません。

しかし、本当にそうでしょうか？

受け身で静か、積極性に欠ける、おとなしい性格の人は少なくありません。

自分がグイグイ引っ張るリーダータイプの先代経営者は、彼らの表面だけを見て「頼りなさそう」「経営者に向いていない」と判断しがちです。

しかし、その背後には思慮深さ、想像力、人の気持ちを思いやる能力が隠れていることが多いのです。そうした資質は、じつは経営者向きではないでしょうか？

経営者の型にはいろんなものがあり、現経営者のスタイルだけが正解ではないのです。例えば、人をマネジメントする時に、その人の感性とかその人が何を考えているのかにものすごく興味を持つ人がいます。一つの物事からなんでも学べてしまう人はこれからの時代に必要です。そういう人が経営者に向いていると思います。

人は、自分とは違うタイプの人の価値に気づきにくいものです。

そこで、断じる前に、後継者としての適性を理解するためにも、親として、我が子が自分とは異なる性格を持つという事実を受け入れることが重要です。

親子での積極的な対話を持ち、後継者のよい点を意識して見つけましょう。欠点は、補う方法を模索すればよいのです。

時代や経験が違うのですから、父と子でも、考え方や戦略は変わるでしょう。しかし、根っ子は親子です。受け継がれる基本的な価値観や、親子としての繋がりは普遍です。

私自身も「父とは思考の仕方が違う」と感じることがありましたが、よく考えてみると、大切にしている価値観は同じでした。

行動や言葉など表出している部分が違っても、継承すべき思いや価値観には共感を持つはずです。その無形の思いや価値観がＤＮＡのように連綿と繋がり、親子の絆とともに未来へと引き継がれていく。これこそが親子継承の素晴らしい利点なのです。

# 14 事業承継のトラブルは準備不足が原因

## ある日突然の事業承継

事業承継は、ある日突然やってくることもあります。

「いきなり会社を継げと言われても、もう何していいかわかりません」

不動産業Ａ社の新社長が、私のところに相談に来ました。

同社は、長年、前社長中心に発展してきたそうです。社内決定は基本的にトップダウン。エネルギッシュでカリスマ性のある社長です。

そのワンマン社長が、ある日突然、「もう譲る、辞めた！」と、引退宣言をしました。周囲にとってはまさに青天の霹靂。特に困ったのは次の社長となる息子さんです。

不動産業ですから、不動産オーナーや金融機関、管理会社、お客様、お取引先との関係は密接でしょう。それがないまま経営を丸投げされてもどうしたらいいのかわからないのは当然です。

突然のトップ交代には社員も動揺します。社内にも、それなりのハレーションが起きます。社内の動揺が業績に影響することは避けられません。

なぜそうなってしまうのでしょうか？

答えは、社長自身にあります。自分が永遠に経営者でいると心のどこかで思い込んでいて、そういう立ち居振る舞いをしているからです。

そのため、次期社長である息子は後継者としての立ち居振る舞いをする機会を与えられない。

ある日突然「もう辞めた！」で譲られては、慌ててしまいます。

後継者はそれなりに悩んでいるのですが、それを見て父親は「あいつはまだまだだ」と思う。これでは完全に平行線です。

ある日突然の事業承継、それでも社長が生きていればいろいろと聞くことはできるでしょう。もしかしたら、不幸にも、明日、社長であるあなたが突然倒れるかもしれません。

人間の運命なので仕方ないのですが、ある日突然の事業承継は、周囲をものすごく困らせることになります。

ドラマなどでは、経営者が急に亡くなって、その息子や奥さんが亡き父、夫の思いごと会社を引き継いで苦労しながら頑張る、という感動的な設定が時々あります。実際そうなってみたらどんなに大変なことでしょう。大切な家族にそんな思いをさせたくはありませんね。

## 準備しておけば、後悔しない

「備えあれば憂いなし」ということわざは、紀元前・殷王朝の王様「武丁《ぶてい》」に宰相の傅説《ふえつ》が奏上した言葉です（『書経』より）。

２０００年間、伝え続けられてきた言葉の中には、今の時代にも活きる知恵が含まれています。

仕事の成功を左右するのは事前の準備（あるいは根回し）だというのは、私の体験からしても至言です。

「プレゼンの天才」といわれた伝説の成功者、スティーブ・ジョブズは、プレゼンする前には、スライドの設定、言葉選び、小道具や服装に至るまで、周到な準備をし、入念なリハーサルを行って臨んだと言います。

大工の世界には「二度測って一度で切る」という格言があるそうです。「段取り八分」という言葉もありますね。

準備の大切さは、誰もが経験していることでしょう。もちろん事業承継にもそれがあてはまるのですが、残念ながら、多くの経営者が準備不足です。

「自分がいなくなっても、子どもがうまくやってくれるだろう」と、タカをくっているのです。

会社の将来について、ぜひ家族で話し合ってください。

事前の準備をしていれば、不測の事態にも対応できます。「準備こそが成功の鍵」なのです。

# 15 事業承継で大切な３つのポイント

## 押さえるべき2W1H

情報整理で押さえておくべきポイントは５Ｗ２Ｈだと言われています。（When（いつ）、Where（どこで）、Who（だれが）、What（なにを）、Why（なぜ）、How（どのように）、How Much（いくらで）。

経営者が事業承継の準備で特に押さえておくべきポイントは、その中でも、２Ｗ１Ｈです。

いつ（When）……いつ自分が引退して後継社長に事業承継させるか

誰に（Who）……誰を後継社長として事業承継させるか

どのように（How）……どうやって会社を任せる後継者を育てるか

## いつ事業承継するか

後述しますが、事業承継の準備には最低5年は必要です。「5年後なら、のんびり取りかかろう」ではありません。今から始めて、5年後にようやく承継できるのです。

準備に時間がかかるからこそ、できるだけ早く、この本を読み終えたらすぐにでも、取りかかってください。

## 誰に事業承継するか

本書がメインテーマに揚げる「親子承継」は、一般的に事業承継全体のうち9割以上に上ります。

親子承継というと、父から息子だけをイメージしがちですが、世の中の経営者は男性だけではなく、私が見てきたのもそれらばかりではありません。父から娘へ、または母親が経営者で息子や娘への親子承継を考えているというパターンもあります。

長男長女を跡取りと考えて育ててきた、という方も多いと思いますが、私のケースのように、長男がしくじって次男が継いだらうまくいった例や、最初から次男、三男が経営者に向いていそうだというケースもあります。実の子どもではありませんが、娘婿を後継者と期待する方も少なくありません。

## どのように事業承継するか

事業承継について意識し始めた人なら誰もが、いつ、誰に継がせるかは、いろいろと考えをめぐらせているでしょう。

しかし、３つめの「どういう方法で」について、しっかり考えている経営者は少数派です。この部分のツメが甘いと、事業承継はうまくいきません。

「何とかなるさ、俺も最初は経営なんてわからなかったし」と楽観視していると、とんでもないことになってしまうかもしれません。

事業承継の成否を分けるのは「どのように事業承継をするか」の計画です。

## 16 赤字会社に買い手は付かない

後継者が見つからない場合、売却か廃業かの二択になります。

「会社を売ればいい」と思っている方も多いでしょう。

しかし、そもそもM&A市場は縮小しています。売り手は多くいても、買い手は少ないのです。

そのうえ買い手は、すぐに利益を上げられる会社を求めています。黒字決算ならまだしも、赤字が続く可能性の高い会社に、お金を出す人はいないでしょう。赤字会社は改善や売却が難しく、将来性が不明確でリスクが高いからです。

たとえ買い手が見つかったとしても、期待した金額にはならないことが多いのです。

「売ればいい」という考えは、現実的ではありません。

## 会社整理は影響大

「借金を返して、会社を整理しよう」という選択もあります。しかし、それではせっかく築き上げた会社が消えてしまいます。

その影響の大きさを考えたことがあるでしょうか。どんな会社も他の会社と繋がっています。これまでよくしてくれた取引先の売上にも影響が出てしまいます。一つの会社がなくなると、売上が減る会社が必ずあるのです。

それだけではありません。

経営者は、従業員とその家族の生活に対して責任を負っています。

もし今、会社がなくなったら、御社で毎日一生懸命働いていらっしゃる、何十人、何百人の社員さん、その家族まで含めたら何千人の生活は大丈夫ですか？

社員は新しい勤め先を探さなければなりません。ライフプランがガラリと変わってしまう人も少なくないでしょう。今の社会情勢で、社員全員に満足のいく再就職先を本当に見つけ出してあげられますか？

「会社をたたむ」のは経営者として無責任な選択だと言わざるを得ません。

## あなたの会社は後継者が「継ぎたい会社」か？

現役経営者としての理想的な事業承継は、後継者に「素晴らしい会社だから継ぎたい」と思ってもらうことではないでしょうか。

優秀な後継者候補は、自分の収入や仕事のやりがいにこだわります。親の事業がそれらを満たしてくれると感じれば、子どもは事業を継ぎたいと思うでしょう。

現経営者は、現在の事業を、後継者に期待されるような事業、つまり収益力があり、やりがいも感じられる事業にする必要があります。

つまり、後継者が経営者になった先の未来も視野に入れて経営戦略を考えていくということです。未来を考えていない会社を継ぎたいという後継者はいません。

後継者に会社を継いでもらいたいなら、たとえ現在の経営環境が厳しくても、事業を成長させる努力をしましょう。

また、事業の規模や収益力、やりがいなどの魅力を、子どもにできるだけ身近に伝えましょう。そうすれば、子どもは親の事業に対する思いや経営者への憧れを抱き、中小企業の経営に対する悪いイメージを払拭できます。

経営は決して順風満帆な時ばかりではありません。困難な局面に直面することもあるでしょう。

将来、後継者が打開策を講じ、経営を続けていく力の源泉になるのは、現経営者である親がやり甲斐を感じながら前向きに経営に取り組む姿です。

楽しく働かないと、ストレスは溜まるし、社員もついてきませんし、後継者にもそっぽを向かれてしまいます。

子どもにとって親は最も身近に存在するロールモデルです。親が生き生きと事業を営んでいる姿は、言葉以上に経営の魅力を伝えるはずです。

## 育てなければ後継者にはならない

「息子は会社を継ぎたがらない」

「うちの子は事業を継ぐ資格はないな」

もし、そう思っているなら、それは現経営者の責任です。

これまで親として、息子に会社経営者としての夢や希望を与えることができなかった。息子の経営者としての可能性を見出してあげられなかったのですから。

でも、諦める必要はありません。

考え方を少し変えてみましょう。

方向性が間違っているように見えても、後継者も会社を潰したいと思っているわけではありません。

現経営者が、少しでも「期待してみようかな」と思ってくれたら、「期待に応えたい」と思う気持ちが芽生えるはずです。

社長は自然には出来上がりません。後継者は育成・教育しなければ経営者になれないのです。


忘れてはならないのは、事業承継は、後継者が意識的に取り組まなければまったく進んでいかないということです。

後継者自身も意識して自己研鑽に努めることが必要です。本を読む、研修などで学ぶ、人に会って影響を受ける、業務の中で試行錯誤する……さまざまな学びの方法があります。

私もいろいろな勉強をしてきましたし、学んで気づいて経営に活かせたこともありますし、やり過ぎて失敗してしまったこともありますが、経営者は学びすぎるということはありません。

どんなことでも知らないより知っていたほうがいい。それが自分にとって必要かどうかは、知らなければ判断できないのですから。

現経営者がリーダーシップをとりたくなる場面も多々あるでしょうが、先輩として温かく見守り、後継者の一番の理解者となるよう心がけてください。

そして、後継者が人間的成長を得られるような信頼し合えるよき友に出会える環境を整えてあげてください。

『論語　學而第一』

子曰く、學びて時にこれを習う、亦説ばしからずや。

朋有り、遠方より來る、亦樂しからずや。

人知らずして慍らず、亦君子ならずや。

# 17 事業承継の完成には最短でも5年かかる

船は大きければ多いほど舵を切ってから曲がるのに時間がかかります。小さな小舟ならスイッと曲がってしまうところを、ゆっくりゆっくり大回りします。

会社もそうですね。

数人のうちは方向転換は簡単です。

思いついたことは「面白い、やろう！」で即実行できます。しかし人数が増えると、そうはいきません。大きくなればなるほど事前の根回しや準備が必要で、動きもゆっくりになってきます。

事業承継という大規模な変革であれば、なおさらです。特に中小企業は経営者の影響が大きいものです。経営者の力量によって経営が左右されます。したがって事業承継は、会社の存続をかけた一大変革とも言えるのです。

## 「事業承継計画」を策定するまでのステップ

事業承継には最低でも5年かかります。

スムーズに進めるために、事業承継計画を策定しましょう。そこで次のステップを踏んでいきます。

●ステップ１　目標設定
事業承継における具体的な目標と期待値を設定します。企業のビジョンと使命の継続が主目的であり、これが事業承継全体の方向性を示す基盤となります。

●ステップ２　承継者の選定
適任者を特定し、その人がリーダーシップをとれる能力を持つことを確認します。承継者のスキルや経験を評価し、それが事業の要件に合致することを確認するプロセスを含みます。

●ステップ３　財務・税務の確認
企業の財務状況を深く理解し、税務面での影響を評価します。この作業は会計事務所や税理士と協力して行うことが効果的です。

●ステップ4　適切な事業承継形態の選択

事業承継にはさまざまな形態が存在します。親族間での承継、従業員への承継、あるいは第三者への売却など、最適な形態を選択するためには、企業の現状と将来の展望を詳細に理解することが必要です。

●ステップ5　承継計画の策定

承継者が決まった段階で、具体的な承継計画を策定します。計画には、承継者への教育と訓練、財務計画、税務戦略などが含まれます。

●ステップ6　法務面での準備

法律的な手続きを整備します。所有権の移転、新たな組織体制の設定、契約の見直し等を行い、法律家と協力しながら進めることが重要です。

●ステップ7　コミュニケーション

承継計画をすべての関係者に伝えます。従業員、取引先、クライアント、その他のステークホルダーすべてに対して、適切なコミュニケーションをとることで、事業承継が円滑に行われます。

●ステップ８　実行と評価

事業承継計画を実行し、その結果を定期的に評価します。必要に応じて計画を調整し、事業の継続性と成功を確保します。

実際に事業承継計画を策定する際には、専門家と相談しながら作り上げることをおすすめします。

## 事業承継の５か年計画シート

事業承継計画は頭の中にあるだけではダメです。必ず紙（またはパソコン）に書き出してください。

初めての年に何をするべきか、そして続く2年目、３年目でどのように進めるべきか、自分が引退を考えるのは何年後になるかなど、ハッキリ目に見える形になって初めて、事業承継の自覚が生まれます。

計画を書き出すのに活用していただきたいのが、次ページの「事業承継計画シート」です。事業承継計画は、おおむね次のような手順で作成していきます（１０４ページ）。

| | 5年目 | 6年目 | 7年目 | 8年目 | 9年目 | 10年目 |
|---|---|---|---|---|---|---|
| | | | | | | |
| | | | | | | |
| | | | | | | |
| | | | | | | |
| | 経営戦略の見直し、策定(幹部社員も交えて)(幹部社員と合同策定が有効) | | | | | |
| | ＊経営体制変更（役員・幹部社員の変更） | | | | | |
| | ＊組織変更(部署･人材配置) | | | | | |
| | ＊人事制度改定など | | | | | |
| | 株会)・種類株式の発行・株式の移転などを検討 | | | | | |
| | | | | | | |
| | | | | | | |
| | | | | | | |
| | 成、株式・財産分配 | | | | | |
| | | | | | | |
| | 金融機関・取引先に公表 | | | | | |
| | 関係先との信頼関係・現経営者および会社の経験など | | | | | |
| | ２自身の経験値　３将来の理念とビジョンの共有　が最低限必要 | | | | | |
| | ン（役職問わず外交も計画的に） | | | | | |
| | は必ず社内でのフィードバックを必須にする） | | | | | |
| | | | | | | |
| | | | | | | |
| | に株式が過半数になるよう計画 | | | | | |

し合いの内容は記録しておく。
で周知するかを決めて行う。
投資などの活用のみならず、信託や合併、再編などを活用するケースやファンドを

# 事業承継計画表

【基本方針・戦略・施策】
まず、現役社長がいつ誰に承継するか、決定するところからスタート。
やるべき事は数多くあり、現役社長と後継者の信頼関係があればこそ。

| 項　目 | | 現在 | １年目 | ２年目 | ３年目 | ４年目 |
|---|---|---|---|---|---|---|
| 事業計画 | 売上高 | | | | | |
| | 売上総利益 | | | | | |
| | 営業利益 | | | | | |
| | 経常利益 | | | | | |
| 会社 | 理念・戦略 | | ＊経営理念、ビジョン ( 現社長と後継者で共有 )、 | | | |
| | 経営体制 | | ＊経営体制の見直し（承継後を想定） | | | |
| | 組織 | | ＊組織の見直し(承継後を想定) | | | |
| | 制度 | | ＊定款変更（売渡請求・種類株式発行） | | | |
| | 株式 | | ＊株式の評価・株式の集約・株主構成の見直し(持ち | | | |
| | その他 | | ＊現経営者退職金支払い・個人保証の変更など | | | |
| 現経営者 | 年齢 | | ＊事業承継に双方の年齢は基本的に関係ない | | | |
| | 役職 | | ＊経営承継後数年間は２人代表制が望ましい | | | |
| | 株式・財産分配 | | ＊個人資産リストの作成、相続計画策定、遺言書作 | | | |
| | 持株比率 | | ＊黄金株を有効に活用する・完全引退から逆算 | | | |
| | 関係者の理解 | | ＊家族会議・親族会議・社内公表（内容考慮）・ | | | |
| | 目に見えない承継 | | ＊人脈・関与機関リストの作成と引継ぎ・取引先等 | | | |
| 後継者 | 年齢 | | ＊承継に年齢は関係ない　１信頼できるブレーン | | | |
| | 役職 | | ＊個人資産との連動とは関係なく社内ローテーショ | | | |
| | 後継者教育 | | ＊事業の中長期計画に見合った教育計画（外部研修 | | | |
| | 資金調達 | | ＊持ち株比率に応じた資金調達計画と返済計画 | | | |
| | 持株 | | ＊株式価格が少ないタイミングで計画 | | | |
| | 持株比率 | | ＊経営の承継後、複数年の執行期間を考慮して後 | | | |
| 補　足 | | ＊コミュニケーションなくして事業承継なし。承継に関する話<br>＊これらの項目はそれぞれ、いつ誰と策定し誰と共有しどこま<br>＊親族内承継も一般的な退職金や持ち株会社、生命保険や設備<br>利用する承継も増加している。 | | | | |

●ステップ1　**現状の把握**

現経営者が保有する株式数、個人資産、会社の資産と従業員数を確認し、後継者候補をリストアップします。贈与や相続に関する問題も同時に確認します。

●ステップ2　**関係者の意思確認**

後継者候補の選択を進め、各候補者の意向を確認します。同時に親族や幹部役員などの従業員からの意見も聞きます。

●ステップ3　**承継の方法、後継者の確定**

親族内承継、社内承継、第三者承継それぞれのメリット・デメリットを理解し、最終的な後継者を選定します。

●ステップ4　**事業承継計画書の作成**

経営理念、経営計画、売上目標を具体化し、事業承継計画書を作成します。事業承継の実施時期と潜在的な問題(周囲の反発や資金面の問題など)も考慮に入れます。

●ステップ5　**事業承継計画表の作成**

事業承継に関連する課題を中長期の経営計画に組み込みます。それに基づいて、事業承継の時期と課題解決のスケジュールを設定し、実行に移します。

これらの具体的な事項は、企業や状況によって大きく異なるでしょう。現状に合わせてアレンジしてください。

## 事業承継計画の見直し・軌道修正

事業承継計画は、5年、場合によっては10年にもわたる長期計画です。社会状況や健康上の変化など予測できない未来の状況によって、事業承継計画の見直しが必要になることもあります。

見直すべき時と、そうでない時の見極めが大切です。

事業承継計画を見直したいと感じた時、自分の本心を確かめてください。譲りたくない、仕事が手放せない、といった気持ちから見直したいと感じているなら、それは変える理由にはなりません。

気まぐれに計画を変更してはいけません。譲ると決めたら、その約束を守ってください。事業承継は前倒しにすることはあっても、遅らせることはできるだけ避けたほうがいいのです。

遅らせればそれだけ、経営者は年を取り、後継者は成長を止めてしまいます。

## 引き継ぐのは目に見えない理念

親子承継を語る時、親子である前に後継者、「社長」と「部下」だという人が多くいます。しかし、それよりも前に、やはり「親」と「子」です。そこには当然、親子の情はあるでしょう。情に流されてしまいがちな関係性だからこそ、仕事は仕事としてしっかりやるという覚悟も必要です。

事業承継で何を引き継ぐのか、それを考える時に父親から自分が、子どもの頃に何を教わってきたのか、振り返ってみてください。

例えば「嘘ついちゃいかん」とか「友達は大切にしなさい」とか、単純なことかもしれないですが、誰でも親の教えとして染みついているものがあるのではないでしょうか。それは、親から子へ「こういう子になってほしい」という思いですよね。そういった目に見えない思いはいつまでも変わりません。それが親から子へと受け継がれる価値観です。そして、それを経営というフェーズで具現化したのが経営理念です。

社長の仕事は経営理念を生き方にして周囲に示すことです。

# 第3章

# 最高の親子承継で　会社の理念を引き継ぐ

18

# 親子のコミュニケーション不足がトラブルを招く

## 親子だからこそ話し合えない

親から子へ、事業を引き継ぐ際にどうしても欠かせないのが「話し合い」です。

会社の理念について、今後の経営について、取引先との付き合いについて、社内のもろもろについて……話し合うべきことはたくさんあるのに「きちんと話し合いができていない」というケースが多いのです。

「改まって話し合いをしなくたって、親子なんだから心が通じ合っているはずだ」

そう思い込むのは、甘すぎます。

親子とはいえ、いいえ親子だからこそ、お互いに言葉にしないとわからないことがある、と知っておくべきでしょう。

話し合いはしたい、だけどうまく話し合いができない、という場合は次のようなケースにあてはまるのではないでしょうか。

●話し合いのきっかけがない、タイミングがわからない
●改まって向き合うと照れてしまって話せない
●そもそも事業承継なんて、真剣に考えたことがない
●真剣に考えてはいるけれど、話題にしたことがない
●具体的に何を、どんな順番で話せばよいのかわからない
●親子で話し合いを始めても、どうしても感情的になってしまう

## 大切なのはテクニックよりもコミュニケーション

事業承継において一番重要なのは、コミュニケーションです。

「あいつも、そのうちわかるだろう」と考えているかもしれませんが、双方が歩み寄ってきちんと話さなければ、伝わるものも伝わりません。

親子承継の場合、身内であるという甘えからどうしてもコミュニケーション不足に

なってしまうという傾向があります。継がせるのも人、継ぐのも人です。先代社長と後継者が、尊敬し合い、率直に話し合える関係を築くことです。

私は、大学を離れて、父の会社に入社、社長になるまで約18年、父のもとで働きました。18年間一緒に働いていても、父親である前社長とのコミュニケーションは十分とれていなかった、と感じています。

父は「任せておけば大丈夫だ」と私を信じてくれていたと思います。しかし、本当の意味では、コミュニケーションをとっていなかった。

信頼があっても、わかり合えていないとダメです。親子といえども別の人間ですから、わかり合えるはずがない。でも、わかり合おうとすることが大事です。私にはそれが足りなかった。だから失敗したのです。

年代のギャップもありますし、関係が近いからこそ腹が立つこともあるでしょう。意見を交換するたび衝突する……でも、それを恐れたり、避けたりしてはいけません。親子だからこそ、関係性をしっかりと密にしていく必要があるのです。

# 親子でも別の人間だと心得る

親子継承でもめる一番の原因は、親と子のそれぞれが「相手はこう考えるはずだ」という思い込み、ボタンの掛け違いです。

親は子を、子は親を「わかっている」「理解している」「お互いにわかり合っている」と思いがちです。しかし、本当にそうでしょうか。

わかり合っているのは、表面的な性格や考え方だけで、思考や信念までは思い及ばないのではないでしょうか。

親子とはいえ別の人間です。同じ家庭で過ごしていても、親と子では立場が違います。生きてきた時代も、人生経験も違います。丁寧なコミュニケーションを重ねなければ、思考や信念の背景が理解できないのは当然なのです。

私は昔も今も父が大好きです。たまに二人で食事を共にし、カウンターで飲んでいるだけですべてが通じ合えるような幸せを感じました。ところが仕事の話ではどうでしょう。常にそのような関係性が果たしてあるでしょうか。

## 「わかっているはず」は思い込みにすぎない

大切なのは「自分の気持ちは伝わっているはず」「自分も周囲の気持ちがわかっているはずだ」などの「はず」を外すこと。

恥ずかしさを取り払い、相手と向き合おう、相手の話を聞いて理解しよう、という覚悟を持つことです。

親世代はLINEやSNSなど、後継者世代のコミュニケーションツールを積極的に使っていくことも必要でしょう。

継がせるほうも継ぐほうも細心の注意を払い、丁寧にコミュニケーションを重ねれば、多くのトラブルは避けられます。

## 親子喧嘩を会社に持ち込むのはご法度

事業承継を「お家騒動」にしないためにも、親子のコミュニケーションをよくすることが第一です。

しかし、事業に対する考え方や経営方針は親子でまったく違うことは少なくありません。むしろ同じ考えだというケースのほうが少ないでしょう。実績ある現経営者と未来を見る若手経営者では、ものの見え方、考え方も違っていて当たり前です。

そんな二人が本音で話し合えば、時に感情的になってぶつかり合うこともあります。でもそれは、お互い、それだけ「会社をよくしたい」という気持ちがあるからこそ、です。

共に尊重する気持ちがあれば、本音でのぶつかり合いを恐れることはありません。親子なのですから、本音でぶつかり合っても修復はできるし、後を引くことは少ないでしょう。

しかし、会社で経営者親子が喧嘩したら、誰も口を挟めません。困るのは社員です。困るだけならまだしも「会長派」「新社長派」など、派閥を作っていたずらに事を大きくしかねません。

本人たちは親子喧嘩のつもりでも、社員にとっての影響は途方もなく大きいのです。私も会議中に親子でどなりあったことがあります。それによって、親子喧嘩に社員を巻き込むことになってしまいました。私の失敗の原因の一つです。

# 19 親の思いを正直に伝える

## 「継いでもらいたい」と言葉に出すことが最初の一歩

「息子に事業を継いでもらいたい」と思っていても、それをあえて言葉にしていないケースが多く見られます。それでは事業承継は進みません。

特に、子どもが会社経営にかかわっておらず、他の仕事をしている場合にはなおさらです。経営者が「当然継いでくれるだろう」と思っていても、子ども本人は、事業承継なんかまったく考えていないこともあります。

まず、自分の気持ちを伝えましょう。「継いでもらいたい」「継ぎたい」と言葉にすることが、事業承継の最初の一歩です。

「言わなくてもこっちの気持ちはわかっているはずだ」と思い込みがちですが、たとえ親子でも、黙っていては相手の頭の中を理解することはできません。

考え方は違うという前提で、しかし、わかり合えるということを信じて、話し合っていくことが大事です。

もちろん大切なのは本人の意志です。

「私は継いでほしいと思っているが、どうだろうか？」と、自分の思いを伝えながら、子どもの意思を確認しておくことが重要です。

「譲ってやる」という上から目線の物言いは、絶対にしてはいけません。

後継者候補の気持ちを確認してまったくやる気がない時は、諦めるしかありません。

ただし、確認する前から諦めることはありません。やる気がないように見えても表に出さないだけで、いろいろ考えていることもあります。

親子承継を断念する前に、必ずきちんと自分の気持ちを言葉にして伝え、我が子の気持ちを確認することが大切です。

## 「継いでくれ」と説得するのは逆効果

「親子で話していると、いつもケンカになってしまう」

そういう人の多くが、「話し合い」と「説得」を混同しています。

話し合いは、お互いに学び、理解し合うためのコミュニケーションです。

一方、説得は、自分の意見や主張を受け入れさせるため、相手を変えようとする働きかけです。説得は、自分の意見を相手に受け入れさせることを目的にしているため、時に攻撃的になり、対立を生み出してしまうこともあります。

話し合いと説得はまったくの別物です。

話し合っているのに、いつの間にか相手と対立してしまう時、知らず知らずのうちに相手を説得しようとしている可能性があります。

業務の必要から社員に対して、「こういうふうにしたいから、力を貸してくれないか」と頼むことはあるでしょう。社員を説得するのはいいのです。社員にとっては、仕事は単なる人生の一部です。その場だけ限定的に取り組めばいいものです。

しかし、後継者に対して、経営者が「継いでくれ」と説得するのはどうでしょうか。経営は人生の一部ではありません。人生の全部、事業承継することで生き方が全部変わってしまいます。

だからこそ、他の道を閉ざすのではなく、豊富な選択肢の中から家業の後継者という道を選んでほしいと思いませんか。強制された道と、自らの意志で選んだ道では、モチベーションはまったく変わってきます。

さりげなく、そうなるように誘導する教育が、もしかしたら「帝王学」といわれるものなのかもしれません。

くれぐれも「長男だから継ぐのは当たり前だ」「お前はそういう運命なんだ」といった説得はしないでください。会社の魅力を伝え、経営者として親が輝いている姿を見てもらうことのほうが重要かつ効果的です。

## 事業承継よりも大切にすべきは親子の縁

親子の絆と事業の継承は、同じものではありません。

親子の絆があれば事業承継はより素晴らしいものになります。

でも、はっきり言います。

事業承継よりも大切にすべきは親子の縁です。親子の縁を優先するのであれば、息子に継がせずに、例えば幹部社員に継がせる、という選択肢もあります。双方が納得していれば、それもまた選択肢の一つです。

ハタから見れば、私は事業承継に失敗した元後継者です。「経営者失格」「失敗したから、会社を出された」などと後ろ指を指す人も少なからずいました。でも、それは周りの見方です。

こうして本を書かせてもらっているのも、しくじったからこそ学んだことがたくさんあり、それが皆さんのお役に立つと評価していただいているからです。

私は父の会社を継ぐことは失敗しました。しかし、父や弟との仲は良好ですし、家業の意志や魂のような形のないものは継承していると思っています。

今では、家業の素晴らしさを伝えるためにあえて外に出されたのかもしれない、とさえ思うことがあります。

きちんと社員が守れるような体制さえできれば、会社よりも親子関係のほうが優先です（もちろん、きょうだいを含めた家族にも言えることです）。事業承継によって家族の関係が破綻するなんて、そんな悲しいことはありません。

## 親子関係が破綻するなら優秀な社員に継いでもらう

事業承継の本を読んでいると、戦国大名の話がよく出てきます。

有名なのは武田信玄が父を放逐した事件です。

天文10年（1541）6月14日、甲斐の有力戦国武将、武田信玄は娘婿である今川義元と面会するため駿河国に赴いた父・信虎《のぶとら》を追放し、家督を継ぎました。

信玄が父を追放した理由は「親子関係のもつれ」でした。

信虎の圧政で領地支配が失敗し、対外政策をめぐって家臣たちが対立したからとも言われています。ともあれ、その後、武田家は天下に飛躍するのです。

信玄の家督相続は、二代目が先代を乗り越えた成功例だと言われています。

本当にそうでしょうか？　こと事業承継になると、なぜか血で血を洗うような戦国時代のマインドになってしまう経営者は少なくありません。

しかし、当然ながら今と戦国時代では価値観が違います。会社は、豊かさや付加価値を生み出すための場です。それが誰かを不幸にするのは間違っています。事業承継が家族を不幸にするのだったら、親子承継を諦めて、優秀な社員に経営を引き継いでもらったほうがいいのです。

事業承継における一番の不幸は、親子関係を破綻させることです。それだけは何としても避けなければなりません。

# 20 親と子で価値観が違うのは当たり前

## 週に2回は二人だけでミーティングを

「親父に言いたいことあるんだけど、いつ言おうか…」

「息子にちょっと注意しておきたいんだけど、忙しいとか何とか理由を付けて来ないんじゃないか」

事業承継、親子承継を成功に導くには親子のコミュニケーションが大切です。

そこで通常の仕事と同様に、しっかりとスケジュールを押さえて定期的に親子間のコミュニケーションをとることをおすすめします。

「月曜の朝始業前にミーティングをしよう」「水曜の午後3時は社長室で定例会をしよう」あるいは「朝食は一緒にとろう」でもいいでしょう。

時間は15分程度でもかまいませんが、週に2回程度、定期的に行うことが重要です。もちろんそれよりも多くても問題ありません。

秘書などは同席させず一対一で本音で話し、必要に応じてスマホに録音するなどして記録をとりましょう。

話す内容は多少決めておいたほうがいいですが、アジェンダ作成やプレゼンまでする必要はありません。多少たどたどしくても、自分の気持ちを自分の言葉で伝え合うことが大切です。

この定例ミーティングを習慣化していないと、お互いにアポイントメントをとる段階でとても気を遣ってしまいます。

だって、何か問題があるからこそ話したいわけですよね。

いい話だったら電話でもメールでも、いつでも話せます。そうでない話題を伝えなければいけない時、定例のミーティングがあれば「その時に話そう」とできます。これはその仕組み化の一種です。

注意点としては、大切なお客様とのアポイントがある時には、別の約束は入れないのと同じように、親子の話し合いも最優先事項として扱うべきです。

「親子だからいつでも話せる」などと思わず、スケジュールにしっかりと入れておくこと。どうしても無理なら、次の日の同じ時間に設定するなど調整します。考え方や価値観の違いを認め、お互いを信頼する姿勢で話し合いをすすめていってください。

事業承継によって決めているのは、自分たちの未来です。

事業承継はリレーのバトンパスに似ています。バトンを渡す側と渡される側との息を合わせることが大切です。

## 「Iメッセージ」で自分の意見や感情を伝える

攻撃的に受け取られがちな「YOUメッセージ」を、やわらかい印象の「Iメッセージ」に変えてみましょう。

「YOU（あなた）」を主語にするよりも、「I」つまり「私」を主語にすれば、感情や思考を優しく伝えることができます。

「Iメッセージ」で発言する際に大切なのは、自分の感情やニーズを認識して伝える

| | Iメッセージ | YOUメッセージ |
|---|---|---|
| 定義 | 自分自身を主語にし、自分の感情や思考、ニーズを伝えるメッセージ | 相手を主語にし、相手の行動や態度について述べるメッセージ |
| 特徴 | 1. 自己表現がはっきりとできる<br>2. 相手を非難せず、自己の感情や思考を伝えられる | 1. 直接的であるため、意図が伝わりやすい<br>2. 相手を攻撃していると受け取られがちで、反感を買う可能性がある |
| 使いどころ | 自分の感情や要求をはっきりと伝えたい時、相手を非難せずに意見を伝えたい時 | 直接的に要求したい時、相手の行動を明確に変えたい時 |
| 注意点 | 自分の感情や要求を明確に表現する表現力と自己認識が求められる | 相手を攻撃していると受け取られる可能性があるため、配慮が必要 |
| 具体例 | 1.「私はあなたの意見を尊重しますが、私の意見も聞いてほしい」<br>2.「私はこの計画に不安を感じています」<br>3.「私は納期を守ることが難しいと感じています」 | 1.「おまえはいつもそうだ」<br>2.「あなたのプランには問題があります」<br>3.「あなたはどうしてわかってくれないのか」 |

ことです。例えば、「あなたはいつも遅刻する」を「私は、会議が遅れて始まると焦りを感じます」と変えるなどです。

それが、自分の感情を大切にし、相手を尊重することに繋がります。

## もめたら譲る

先代経営者と後継者の意見がぶつかり合うこともあります。

そんなとき、最も簡単な解決法は、相手の言い分を受け入れ、自分のほうが折れることです。

「本当に争うほど重要なことなのか」「どうしてそこにこだわるのか」など、自分に問いかけてみてください。

特に、後継者が「譲歩する」ことを強くおすすめします。だって、70歳を超えた先代経営者の物わかりが突然よくなる、なんてことは天地がひっくり返ってもないでしょう。だから、若いあなたが頭を下げるしかありません。

完全に会社を任されるまでは、後継者が先代の言うことをきく。自分がすべてを任された時に、やりたいようにやればいいんです。

先代経営者は、事業承継計画を先送りにしないこと。そして任せたら「これからは自由にやっていい」と伝えることが重要です。

後継者も勝手気ままに経営して会社を潰したいと思っているわけではありません。譲ったら、信じて、それ以降は口出ししないことが大切です。

親子関係は複雑で、さまざまな問題が発生します。まして社長と後継者という関係性になると、理屈ではなかなか解決できないこともあるでしょう。

こじれてしまう前に、早めにギブアップして、信頼できる第三者に助けを求めることも考えてください。

## 先代が後継者を信頼、信用する

先代社長は後継者に譲ったら「お前に任せたんだから、好きにしろ、潰してもかまわん」と言えるくらいの覚悟をしているでしょうか。

後継者も、会社を潰したいなんて思っているわけがありません。

譲ったら信頼して任せる、それこそが本当の育成です。

もちろん譲る前の段取りはしっかりしていかなければなりません。

後継者は、任せられて、壁にぶつかったら先代に相談する、そういう経営のスタイルが理想ではないでしょうか。

私のクライアントで、５００人ほどの社員を抱える企業の事例を紹介しましょう。

前社長は現在65歳。６年前に会長に就任して現役を退き、二人の息子が各々グループ会社の社長を務めています。

前社長は現役の頃は仕事人間だったそうです。自分が育てた社員と話すことは会長にとっては楽しいことですし、共に苦労を乗り越えてきた古参社員たちは会長が来ると大喜びするそうです。

しかし、会長本人は「任せた以上は、僕は行かない」と周りにも自分にも宣言しています。

なぜかというと、息子たちの経営スタイルを尊重したいから。

前社長の時代は、今と違って長時間労働や休日返上、依頼があれば徹夜してでも応えるのが当たり前でした。

しかし、現在は労務環境が違います。いわゆるブラックでも許された会長の時代の経営スタイルと、息子たちのホワイト企業を目指す経営スタイルはまったく違います。時間内に仕事を仕上げてかつ利益を上げなければならないホワイトな働き方は、ある意味ブラックよりも過酷です。

古参社員の一部には「親父の部下だったからやってきた」ということだけではなく、働き方自体がまったく違うため、順応に時間がかかっている社員もいます。

それでも会長は息子を信頼して、息子の方針を邪魔しないために自分は出社しない、と決めているそうです。たまに我慢できずに会社を訪れてしまった時は、息子たちに「会社に行って、みんなと話しちゃったよ。ごめん」と謝罪するそうです。

会長が大好きな会社に出社しないのは、会社の経営や将来ビジョンについて息子たちと頻繁に意見交換をして、息子たちの経営スタイルを応援しているからです。

社長と会長の信頼関係がこれだけ強固に築かれていると、社内はもちろん外部にも自然に伝わっていきます。

社内外に後継者が信頼されるために、何よりも重要なのは、継がせる側が後継者を信頼、信用することです。

21

# 親世代に必要なのは自己開示

## 親世代はもっと自分のことを話すべき

今の経営者、60代、70代の先輩方はさまざまなご経験をされています。

しかし「男は自分自身のことを語らないものだ」という価値観があるためか、自分のことを直接語りたがらない人が多いようです。

とてももったいないことだと思います。私たちの世代やさらに若い世代に、もっと積極的に自分の経験を語ってくれたらいいのに、と私は思っています。

コミュニケーションは双方向です。あまり自分のことを語らないのは、自分以外の人の言葉をあまり聞かないからかもしれません。

人の話に耳を傾けること、自分のことを語ること、それによって新たな気づきや、見えてくる方向性もあるでしょう。

かっこ悪くても、弱いところがあっても、心を許す相手には、時にはそんな姿を見せたほうがよいのです。

後継者は、父であり経営者である自分の親は完璧であると、無意識に心のどこかで思い込んで、プレッシャーを感じています。

「親父も自分と同じ、弱いところもある人間だ」と思えれば、ムダな気負いから解放されるのではないでしょうか。

## 「斜めの関係」から親を知る

後継者が父である先代経営者の考えを知るうえで、特に頼りになるのが、長年の友人や知人です。

昔から父親と仲のいい友人や、おじさんのような人はいませんか。そういう方に「すみません、今度、お話を聞かせていただけませんでしょうか」とお願いしてみましょう。そして「うちの親父って、どんな人なんですか」と聞けばいい。ほとんどの方が喜んで何時間でも話してくれます。

そんなふうに、縦でも横でもない、いわば〝斜めの関係〟から語ってくれる方は多いほどよいでしょう。

私自身も、父の親友や仲間から間接的に父の思いや考え方を聞く機会が多くあります。

お酒を飲みながら「お前の親父はこうだった」「あの時こんなこと言っていた」というような話をたくさん教えてくれます。なかには耳が痛い話もありますが、とても嬉しく、幸せな時間です。

後継者が父親の友人や知人に話を聴きに行くと

「お前の息子が俺に会いに来てくれたぞ」と先代に話が伝わるでしょう。

経営者にしてみれば、そんな後継者の行動が、嬉しくないはずがありません。お互いのコミュニケーションによい循環が生まれるでしょう。

# 22 先代は顔、後継者は質で勝負する

## 創業者タイプと後継者タイプ

経営者には、創業者（カリスマ）タイプと後継者（秀才）タイプという二つのタイプが存在するのではないか、と私は考えています。

創業者タイプは独創的で情熱に満ち、思ったことを即座に口に出す性格で、0から1、無から有の価値を生み出すのが得意です。やりたいことをやっていく、自分を押し出していくタイプでしょう。

このタイプの人間が二代目や三代目の役割を果たすのは難しいかもしれません。一度決断したらそれを全力で推し進めるため、自身で新しい会社を創設することのほうがより適しているでしょう。

一方、後継者タイプの人物は既存の経営体制やビジネスモデルを引き継ぎ、磨き上げていくのが得意です。

組織の中で着実に成果を上げることを重視するため、既存のビジネスを引き継いで発展させることに向いています。

私自身は明らかに創業者タイプです。

最初は計画的に起業したわけではありませんが、今となっては、自分のやりたいことを実現するために父から受け継いだ会社を出てきたのではないか、とすら感じているほどです。

後継者としての重責は、創業者が経験できないものです。二代目以降はそれを継いでいく位置づけというか求められる資質が違います。

やりたくないことや、間違っていると思うことを無理に我慢する必要はありません。

大切なのは自分自身が何を求めているのかをしっかりと理解し、自分のタイプに合った道を進むことです。それが成功への鍵となります。

## 経営は、みんな違って、みんないい

自分のやりたいことをそのまま仕事にしている創業者には、尽きない情熱があるでしょう。後継者はそうではありません。だから経営者として、会社経営という仕事への意欲をどう保っていくのか。有意義な意味付けが必要です。

「経営は競争だ。相手を蹴落としてでも勝つことが大事だ」

「経営は、カネ。今ある財を増やしていくことだ」

「経営の醍醐味は人材育成だ」

「革新的な、新しい価値を生み出していくことだよ」

「私は経営で世の中をよくしていきたいんだ」

「うーん……一つに絞らず、バランスよく力を入れていくことが経営だ」

自分なりの意味付けには正解はありません。

それがその人の経営スタイルです。経営者は誰もが「自分にとっての経営」をしている、と言ってもいいでしょう。

親の考える経営と、子どもである自分の考える経営が、完全にイコールであることはたぶんありません。ごくまれに、昔からの大工さんやものづくりの職人さんの中には「父がこれをやってる姿が大好きで、小さい頃から、お父さんみたいなかっこいい社長になろう、って憧れていたんですよ」という人もいます。

そんな場合は、重なる部分がかなり多いでしょうが、それでも完全に一致することはないでしょう。

その、少し違う、ずれているところをすり合わせるために、親子で話し合っていくことが大事なのです。

## 後継者のプレッシャーを理解する

現経営者が忘れがちなのが、後継者もプレッシャーを感じているということです。私も事業を後継するというプレッシャーを感じていました。

前職の社長として頑張っていた間は、必死すぎたのでしょう。プレッシャーを感じることはあまりありませんでした。

しかし、会社を離れた瞬間、何十人もの社員の生活を背負う重責から免れ、なんとも言えない解放感と虚脱感に満たされたことを覚えています。

私が後継者として一番プレッシャーを感じていたのは、入社するよりずっと前、学生時代の頃だったかもしれません。

当時、父の経営する会社は実家の隣にあり、私たち家族は日常的に、何十人もの社員さんが出入りするのを見ていました。

大学時代、私は夜の仕事のアルバイトをしていました。仕事が終わってから飲みに行くことも多く、朝帰りになってしまうこともしばしば。朝まで飲んで、出勤する社員さんとすれ違うような時間に帰宅することもありました。

表向きは楽しく過ごしていましたが、内心は「俺、会社を継がなきゃいけないのに、こんな生活してていいのだろうか」と焦っていました。

第1章で明かしたように、ある日の夜中、泥酔した私は父をたたき起こし、大泣きしながら「俺は親父みたいなことはできない。毎晩バイトして飲み歩いて、学校にも行けない。もうダメだ」と、後継者としての重圧に耐えかねて感情が爆発してしまったことがあります。父は「そうか、そうか」と聞いてくれました。

今思えば、父も祖父から会社を受け継いだ身です。若い頃に同じようなプレッシャーを感じたことがあり、それで共感してくれたのかもしれません。

会社経営にプレッシャーを感じない後継者はいません。現経営者がその心情を理解し共感できるかどうかも、事業承継の成否を左右する重要なポイントです。

## 未来への想像力を持つ

引き継ぐ側はただ先代よりも事業を大きくしたいという思いに囚われていることが多いのですが、それよりも考えてほしいことがあります。

本当の意味で信用、信頼を勝ち取る人は、自分がいなくなった後の会社のイメージがしっかりできる人です。

将来、自分が継がせる立場になった時に、どういう会社に成長していてほしいか、どんな会社を次の後継者に引き継ぎたいかを想像することがとても大切です。

「そんな先のことはわからないよ」というのは、まだ経営者としての信用、信頼に意識が向いていないのかもしれません。継ぐ側も継がせる側も、「先代と比べて自分がどうありたいか」を考えるのではなく、自分の後に続く人たちに「どういう会社を残したいか」という視点を持つことが重要です。

# 第4章

# 社員みんなが幸せになる事業承継

# 23 後継者には必ず1年間、経理をさせよう

## 経理担当部署で1年間の経験を

経営者にとって経理は、最低限の基礎知識です。

多くの中小企業では後継者に自社のさまざまな部署を体験させ、ＯＪＴで業務を理解させる研修を行っていることでしょう。

営業やセールスのように利益を生み出す現場は当然体験するでしょう。

また工場などの生産現場や購買なども大切です。

なかでも重要なのは、経理担当部署での経験だと私は思っています。

後継者には経理部門で1年間、勉強させるべきです。

そういうと「1年もいるのか?」「いや、1年で何がわかる?」どちらの反応もあ

ります。

期首から期末まで経理の流れをひととおり体験するには1年間必要ですし、ひととおり体験したらあとは専門の社員に任せたほうが合理的です。

だから1年間がちょうどいいのです。

## 経理を知らずに経営は不可能

経営者は経理のスペシャリストになる必要はありません。しかし、自社の経理を知らなければ戦略的な経営はできません。

私が事業承継に失敗した理由の一つに、経理部署の経験が浅かったことが挙げられます。

ふだんからあちこちの部署から「ケチ」「しぶい」と言われ、でも会社に何かあったら「何をしていたんだ」と批判される、経理はそんな職場です。

しかし、会社の取引全部を一つひとつ、コツコツと記録して計算しているというのは、考えてみればすごいことだと思いませんか？

社長は経理の仕事の重大さを理解しておく必要があります。

経理がコツコツ記帳しているところへ一晩の接待費で5万円、10万円使った営業社員がおずおずと領収書を出す……経理だって人間ですから、思うところもたぶんにあるでしょう。

心の綱引きがそこに発生します。

どちらの社員も一生懸命それぞれの仕事をしている、たまたま役割が違うから、「あいつがどうだ、こいつがどうだ」と陰で不満が出てきます。

そこで、両方の心理を理解してあげるのは、社長の役割なのです。

会社のお金を預かり守る経理と、接待などで販売費をどんどん使って（攻めて）売上を伸ばしていく営業。

攻めと守りですね。うまく行っている会社はこのバランスがとれています。良し悪しや優劣ではなく、きちんと噛み合わせていくことがとても大事です。

そのためには、実務を理解すること、営業や現場はたいていの後継者はすでに理解しているはずです。

経理がどのようなことをしているのかは、経理部署で1年間、期首から期末までを体験してみなければ、その実態は体得できません。

## 誰が給料を決めているか

私が父から会社を引き継いだ時、一つだけ譲ってもらえなかったことがありました。それは、社員の給料やボーナスを最終決定することでした。父はその会議にだけは必ず出席し、自身の意見を通し続けたのです。

私は社長という地位にあり、自社株の過半数を保有していました。それなのに、自分自身が会社を運営しているという感覚がないままでした。

社員の給料は、社員の生活に直結する重要な要素です。そして、給料を決定する人が企業のトップである、と社員は感じます。

父が私に給料を決定する権限を与えなかったのは、「お前にはまだ早い」「後継者を完全には信頼していない」というメッセージだったのかもしれません。

社員の給与を決めるところまで任せて、初めての経営者交代です。

「もうすべてをお前に譲った。好きなように進めてくれ」と言える前社長は素晴らしいと思います。

そういった真の信頼関係は、後継者としての自信の裏づけになるはずです。

# 24 後継者の社内改革には、必ず社員の反発がある

## 事業承継、社員にとっての影響

事業承継は経営者にとって大きな問題ですが、その会社で働く社員にもさまざまな影響があります。

まず、会社の方針や業務プロセスが変わることによって、社員の職務内容や働き方が変わる可能性があります。

そうなると、定年までの数十年間を働くつもりの20代、30代といった若い社員は、特に不安になってしまうでしょう。事業承継によって会社の将来が不透明になり、自分のキャリアや収入に影響が出るかもしれないのです。

事業承継がスムーズに進まない場合や、新経営陣の下で会社の業績が下がると、社

員の雇用安定性に影響が出ることもあります。

これは40代、50代の社員を大きく動揺させてしまいます。若手ならまだしも、中高年の転職は容易ではありませんし、たとえ決まっても年収や待遇が下がることがほとんどです。新しい職場での人間関係や仕事内容に慣れるのに時間や労力がいるという苦労もあります。

場合によっては、企業文化も変わってしまうでしょう。これは、社員の職場環境や働きやすさに影響を及ぼす可能性があります。

このように、事業承継は、社員の日常業務からキャリアまで、さまざまな面で大きな影響を及ぼします。

影響は悪いものばかりではなく、よい変化もあるでしょうが、いずれにしても経営者は、事業承継によって自社の大切な社員たちにも、多大な影響があることを知っておかなければなりません。

## 会社には新陳代謝が必要

最近、約10年前に息子さんに会社を譲った方とお話する機会がありました。

その方は「企業は30年が寿命だ」という考えから、自分の代で事業を繊維から建築資材へと変えたそうです。40年以上経った今、社長である息子に対しこう言ったそうです。

「私の立ち上げた事業はもう区切りが来ている。君は社長として新しい事業を立ち上げることを考えなきゃいけない」

私は、自分が父から社長職を引き継ぐ際、何と言われたのかを思い出してうらやましくなりました。

「謙一郎、これから人口が減って需要も減少する。どうにか会社をコンパクトにするべきだ」

この言葉を聞いて、とてもガッカリしました。

それまでの10年間、後継者として学んできたことを活かして、次の世代のために頑張ろうと張り切っていた気持ちに水を差されたように感じたのです。

私は別に会社を大きくしようと思っていたわけではありません。ただ、自分が採用した20人ほどの社員たちと共に、30年、40年先も一緒に新しいチャレンジをしていきたいと思っていました。

私は、チャレンジしたいという私のビジョンと父のビジョンを真逆に受け取ったりしました。しかし、コミュニケーション不足もあって、それは私の早とちりでした。

あるとき、父は将来を見据えて会社の隣接地に土地を取得しました。「会社の新しい事業に役立てろ」と。父こそが本当のチャレンジャーだったのです。

企業には新陳代謝が必要です。

まったく同じことを続けていて生き残っている長寿企業はありません。長生きしている企業ほど常に時代に合わせて変化しています。時代が変わっているのに同じことを変わらず続けていたら、いずれ時代に合わなくなってしまいます。

## 30年に1回の事業転換

私が父から受け継いだ会社は、約１４０年の歴史の中で5回の大きな事業転換を経験しました。約30年に1回のペースです。

事業転換のきっかけは戦争、生活スタイルの変化、経済状況などさまざまですが、そのたびに会社は蘇っていきました。

そんな歴史を知っているので、私は企業が生き残るには変化と新陳代謝が欠かせないと考えていたのです。5回目の変化は高度成長期でした。そろそろ6回目の変化をしていかないと、会社が生き残れないと私は焦っていました。

しかし、高度成長期からは好況が続き、そのあとも失われた30年と言われながら平成不況を何とか生き延びてきた。だから、大きな変化を経験している人間は社内に残っていなかったのです。

変化できない、変化する気がない、これが前職の環境として、残念だったなというところです。

## 社員アンケートではホンネはわからない

社内での自分は社長としてどう評価されているのか気になることもあるでしょう。しかし、社長がアンケートやフィードバックを求めてはいけません。経営者が従業員にアンケートをとっても、正直な意見は書きにくいものです。

自分の経営者としての評価を知りたかったら、社員に自分がやりたいこと、やるべきことを示し、その反応を注意深く観察することです。

できる社長は、社員が自分についてきてくれているかではなく、社員が何を考えて何を望んでいるかにフォーカスします。

社員のことをわかっているというか、温かい雰囲気で社員を包み込みます。さりげなく社員の気持ちを察し、空気を読む、そんな人間力が大事です。

## 改革には大義が必要

人を動かすのは大義です。

天正10（1582）年6月、明智光秀は本能寺の変を起こし、織田信長は自害しました。光秀は一人ではなく、多くの部下を従えていましたが、部下は最初「なぜ信長を討つのか？」と思ったのではないかと私は考えています。

だって、あの信長ですよ。下手に手を出したら返り討ちにあい、地元にいる家族も皆殺しにされてしまう、と恐れたはずです。

しかし光秀は、二の足を踏む部下に「という理由で信長を討つ」と丁寧に大義を説明し、さらに「地元にいる家族は大丈夫だ」「味方も大勢いる」と伝えました。

光秀が信長を討つべき大義を丁寧に伝えたからこそ、謀反という無謀なチャレンジに大勢の部下がついてきて、本能寺の変は成功したのではないでしょうか（すぐに羽柴秀吉に滅ぼされましたが）。

もし、光秀の側に大義がなかったら、部下はまったく動かなかった、いや謀反を持ちかけた時点で、光秀は部下にその場で斬り殺される可能性さえあったはずです。そうしなかったのは、光秀にも大義があったからでしょう。

## 後継者の改革には社員の反発は必至

後継者が社内を改革しようとすると必ず社員の反発があります。これは、後継者が気にくわないということではなく、先代のリーダーシップに順応していた社員が新しい流れに適応するのに時間がかかるからです。

したがって、改革を成功させるためには、なぜこれまでのやり方じゃダメなのか、なぜ変えなければいけないのか。「なぜ」「なぜ」「なぜ」を明確にしなければなりません。つまり、大義が必要なのです。

反発する社員を説得できるような大義を持ってことを起こさないと、必ず失敗します。「今のやり方は古い、次期社長の権限で新規事業部を作りたい！」といっても、ついてくる社員は少ないでしょう。

「現在の業界の動向から分析すると、将来はメーカー直販の動きが非常に大きくなるでしょう。現在弊社が担っている業務は確実に縮小します。そこで現在の業務に加えて、もう一つ別の柱を立てるために、新規事業部を作りたいと思います」といったように、理路整然と説明すれば、周囲も「なるほど、そういう考えならば協力しよう」となるでしょう。

## 会社主体で考えられるか

江戸時代の加賀百万石の三代目、前田利常は数々の奇行で知られています。

ある時、なぜかだらしなく鼻毛を伸ばしていた利常、部下にその理由を問われて、こう言ったそうです。

「もし加賀百万石、三代目のわしが頭のよさを見せつければ、幕府は警戒心を抱くだろう。だから、わしは鼻毛を伸ばして阿呆を演じている。この間抜け面が、加賀、能登、越中の人々の生活を守っているのだ」

自分はバカにされても、藩や人々の安寧を守る。これこそがリーダーの神髄だと思います。本来経営者は、そんなふうに会社主体で考えるべきではないでしょうか。自分に対する評価や評判を気にするのはまだまだ経営者としては一流の域には達していません。

## 改革に従わない社員をどうするか

経営者がどんなに会社主体で大義を掲げて改革しても、それに従わない社員は年齢に関係なく、一定数存在するものです。

一人ひとり考え方が違うのですから、わかってくれない人がいるのは当然です。そういった社員に対してどう接するか。これは経営者の器にかかっています。

「俺は社長だから」といって、無理に押しつけるわけにはいきません。思いどおりにならない人を避けたり、無視したり、嫌がらせをしたりというのは、経営者として、というか人間として、あるまじき行為ですね。

大切なのは、とにかく徹底して説得すること。反発する社員にこそ積極的にコミュニケーションをとることです。相手の声に耳を傾けながら、必死になって説得し、自分の思いを伝える。そうして誠実に向き合っていくことで、道は開けます。

しかし、どんなに説得しても「どうしても賛同できない」という人も、残念ながら出てきてしまいます。その人が周囲のやる気をそぐなど悪影響を及ぼし始めたら、それはもう、お互いのために新しい道を探したほうがいいというサインかもしれません。最終的には「この場から去っていただいても結構です」と告げなければならないこともあります。辞めてもらうという選択肢は冷たいようですが、じつは相手を尊重することでもあるのです。

労使関係があるからといって、社員は強要されているわけではありません。もちろん生活のためという側面はありますが、それでも自分の意思でこの会社を選んで、自分の意思で来てくれているんです。

大切なのは相互信頼の関係です。経営者が、社員に依存してやりたくもないことで大切な人生の時間を浪費させるくらいなら、去っていただくのが、お互いにとって幸せ、という考え方もあるでしょう。

しかしこれだけは絶対に忘れないでください。その前提として社内の風土が明確でしっかり醸成されているか、何より社長自身がそれに忠実であるかが重要です。

# 25 先代社長と古参社員

## 子会社を作ってでも、古参社員を見捨てない

企業は生き残りをかけて、さまざまな変化に対応していかなければなりません。しかし、いざ会社を変革していこうという時、これまでの古いやり方に順応してきた古参社員が強固に反対することがあります。

人は本能的に変化を好みません。古参社員たちは年齢的に変わるのが難しいだけでなく、定年までの年数をカウントダウンして、逃げ切ることだけ考えてしまうというのもわかります。

同じやり方を30年、40年も続けてきた人が、新しいことを一から勉強する気になったとしても、若い人にはかなわないわけです。

そして、そうなったら「変わらなくてもいいんだ。今のほうが大事なんだ」と主張し始めるわけです。

これは、自分の保身のためですが、その根本にある心情まで想像すると、寂しいからではないでしょうか。「自分はもう会社にとって必要ないんじゃないか」という恐れと寂しさが心を占めているのです。

そういう古参社員たちを「時代遅れだ」と蔑むのではなく、子会社を作ってでも働ける場所を作ってやり、見捨てないのが事業承継に成功する経営者です。

くれぐれも、後継者に「あなたたち、もう要らないから」と言わせるのではなく、先代がその人たちの居場所を、ちゃんと作ってあげてください。

古参社員を批判して「過去の実績にあぐらをかいて」などと言う人がいますが、後継者や若手社員が生まれていない頃に、一生懸命働いてくれた人に対して、どうしてそんな失礼なことが言えるでしょうか。先代の社長がごく親しい部下に言うのなら別ですが。

古参社員は労に報いてあげるべきだと思うのです。

もし、経営者が古参社員を見捨てているのを見たら、若い社員の仕事のやる気もそがれてしまいます。

なぜなら、今の古参社員の姿は、何十年か将来の自分の姿なのですから。自分も年をとったら見捨てられるのではないかと不安に思ったりしたら、安心して業務に集中できるはずはありません。

経営者が古参社員を見捨てない姿勢を見せるということは、若い人たちに自分の将来像を見せ、モチベーションを上げることにも繋がります。

古参社員に対しては、ここまで会社に貢献してくれたことをちゃんと評価して、尊重してあげてください。

## よい先代社長は古参社員と同時にフェードアウトする

できる先代経営者は、自分が辞める時に、一緒に長く働いてきた社員（古参社員）の処遇も考えています。

社長と同年代であれば、古参社員もそろそろ引退を考える年齢でしょう。

事業承継計画を作る際に、現役社長の右腕の番頭さんや専務、常務など会社を長く支えてくれた古参社員をどうしていくか、考えておきましょう。

役員が退職すると大きな退職金がもらえますが、その代わりに大きな税金がかかってしまいます。子会社の社長や顧問のような形で、２、３年勤めてもらってフェードアウトしていただくという形がよいかもしれません。

もし、古参社員の処遇が無計画で、社長だけがサッサと辞めてしまったらどうでしょうか。

「長年、会社に尽くしてきたのに、社長は自分たちのことを考えてくれなかった」という不満が爆発してしまうかもしれません。

その矛先は後継社長です。

口には出さないまでも「新社長なんかに任せておけない」と、社内で対立が起こってしまうかもしれません。業績にも響きます。

そうさせないためにも、社長が辞める時は、古参社員のことも考え、彼らが心情的にも金銭的にも、納得できるような計画を立てることが大切です。

銀行や税理士はふつう、古参社員の処遇までは気がついてくれません。しかし、経営者が古参社員をどうしたいか方針を決めていれば、的確なアドバイスをしてくれるでしょう。

26

# 後継者と古参社員の関係が悪化した時は

## 先代社長の番頭さんは必ずしも後継者の味方ではない

番頭さんや幹部社員が、新社長を先代同様に支えるかどうかはケースバイケースです。特に、先代が創業社長の場合、自分たちと長く支えてきた創業社長とが一体となっているケースが多いものです。

番頭さんがそれまで先代社長についてきたのは、先代社長との関係性があるからです。それは単なる上下関係ではなく、苦楽を共にしてきた人間同士の繋がりです。団塊ジュニアから下の世代の人たちは「親父の時代はよかったよな。高度成長期でバブルもあったし」と、基本的に思っているでしょう。

確かにそんな時代背景はありましたが、それでも栄枯盛衰はありました。

例えば、私の地元・八王子は、かつて「織物の町」と言われていました。戦前は、日本国産のネクタイの約70～80％が八王子産だったほどです。

しかし、戦後から高度成長期にかけて、繊維産業の衰退と貿易自由化、和装から洋装への変化などにより、八王子の繊維産業は衰退し、現在、八王子に繊維産業はほとんど存在していません。

繊維業を営んでいた企業は事業を転換したのです。その頃の話を聞くと、皆さんが決して楽な道を歩んできたわけではなく、大変なご苦労をされています。皆さんそれぞれ、いろいろな悩みや考えをもって経営されて、今があります。

時代が違うからといって、そのような思いや歴史を、後継者が無視するべきではありません。

自分が一生懸命働いてきた歴史、人生を、新しく来た何も知らない人に否定されるのは、まるで自分の存在が否定されるようなものです。

しかも、その否定をしてきた相手は、新社長。会社を変える力があります。

自分が人生を捧げてきたその職場で、自分が成し遂げたことが無視されるかもしれないと思ったら、だれもが全力で反発するのではないでしょうか。

これまで会社を育んでいただいた古参社員の貢献に対しては、敬意を払い、教えてもらうべきことは教えてもらうべきです。

しかし、これまでの仕組みに依存せずに、変化を進めることも必要です。後継者はこれまでの歴史をふまえ、「自分の代ではどのように変えていこうか」という姿勢が大切です。

過去の否定から始めては、どんなによいことをしようとしてもうまくいきません。何事も温故知新《おんこちしん》です。

## 新社長就任後しばらくは「試用期間」

新社長とベテラン社員の意見が一致しない場合、どう対処するかは、新社長が「私はこうしたい」という決意を固く持っているかどうかによります。

どんなに言い返されても「僕はこうなんです」と眉一つ動かせずに言えるだけの信念があるならば、真摯に説明や説得を重ねるべきです。

しかし、もし意見に自信がなく、ベテラン社員からの言葉に「それもそうかも？」

と揺れ動くようなら、そのベテラン社員から学んだほうがよいでしょう。

自社の仕組みを作って支えてきたのはやはり大きな貢献だと思いますし。それまで培ってきた会社の歴史があるわけですから。それを後継者は理解しなければなりません。

社長になったのと、社員が社長として認めてくれるのとはイコールではありません。いきなり信頼を勝ち得て、新社長の下、一丸となって動くなんてことは、まずありません。

人は立場ではなく人についていくのです。後継者はそこを勘違いしてはいけません。社長になってから、しばらくは試用期間なんだと思うくらいでいいでしょう。

きっちり用意をして、10年計画で引き継いだとしても、最初は試用期間です。

事業承継を成功させるためには、後継者が古参社員からの信頼を獲得することが大切です。そのためには自分よりも社歴の長い古参社員に対する敬意を忘れてはいけません。どんな態度をとられても、頭を下げて教えをこう姿勢が後継者に求められます。おおよそここが最初の見極めのポイントと言ってもいいかもしれません。

# 27 楽しく仕事をしていれば応援者が増える

## 経営者は「ワーク・アズ・ライフ」を楽しむ

これからの時代、「好きなこと」「社会性」「仕事」この三つがどんどん近寄ってくるでしょう。いくら仕事だといっても、好きなことでないと続きませんし、世の中に対してよいことでないと続けられません。

「ワーク・ライフ・バランス」という言葉があります。従業員の中には「与えられたことだけを勤務時間で全うして、仕事から離れたところで、自分らしい生活を送りたい」という人もいます。それも一つの生き方です。

これからの経営者は社員一人ひとりの生き方を受け入れることが大切です。そうでないと、多くの社員は抱えられません。従業員のワーク・ライフ・バランスは尊重すべきです。

一方、「ワーク・アズ・ライフ」という言葉もあります。仕事の中に人生がある。とにかくやりたいことを仕事にして、やりたいことをやっていくという生き方です。仕事の捉え方がそもそも違います。決められた時間に汗水流して、一生懸命、苦役をするような、そういう感覚って若い人にはないんです。

好きなことならば「残業」「長時間労働」は苦行ではありません。もし絵を描くのが大好きならば、絵を描くことを仕事にする。そうすれば寝食を忘れて楽しく仕事を続けます。家に帰ってゲームするのと同じ感覚で仕事が続くのです。幸せだと思いますね。

経営者としてはどちらでしょうか。やはりワーク・アズ・ライフで、真剣に、楽しく、遊ぶように仕事するのが、理想的かつ大事だろうと思います。

だって、中小企業の経営者になった時点で、基本的に、公私の区別がなくなってしまうのです。土日だろうが平日だろうが、夜だろうが昼間だろうが、経営者は仕事からは逃れられません。

それを苦行にするか、楽しみにするかは、経営者自身にかかっています。

経営者はいつ、どこで仕事するのも自由だし、楽しくないことはやらなくてもいい。それなのに仕事を「やらされ感」でやっていては、もったいないですね。

どんなに楽しくても仕事である以上、もちろん苦しさも辛さもあります。でも、楽しいことなら乗り越えられると思うし、自分のやりたいことだったら、頑張れる。継承させる側も、継承していく側も「やらされ」ではなく、仕事を「遊ぶように楽しんでいく」ということが理想です。

## 楽しみながら働く重要性

日本人は「労働は憲法の三大義務の一つであり、義務なのだ」と教えられます。

小学校から、我々は働くべきだという前提で教育を受け、成長してからは働くことで対価を得て生活を維持することが当たり前とされています。

しかし、以前の私は楽しくなかったし、楽しそうでもなかった。あらゆる仕事を辛い顔をして、苦役のように義務感からこなしていたからです。もう心も体もボロボロになっていました。これでは誰もついてくるわけがありません。

しかし、仕事は人間が幸せを得る、豊かさを追求するために考案された最大の発明だと思っています。

楽しく豊かになるための仕事が、辛く苦しいものであってはいけません。好きな仕事を楽しむことが原点になるべきだと思います。社長がどれだけ楽しむ方向で経営できるかが、これからの世の中では大切なポイントです。

経営は堅苦しく、難しいイメージがありますが、実際には楽しいものです。

経営者は自分の好きなことを仕事にすればいいのです。苦手なことは他の人に任せればいいのです。好きなことだったら、楽しんでできますよね。

社長が朝早くから夜遅くまで楽しげに働いていると、その会社はどんどん明るい雰囲気になり、新しいことが生み出されるでしょう。ただし、その楽しさは本物でなければなりません。昼間にゴルフに行き、「これも人脈作りの一環」というような一過性の楽しさは、真の仕事の楽しさとは異なります。

## 遊ぶように仕事をしよう。仕事を楽しめば社員がファン化する

後継社長が自分の仲間というか、自分をバックアップするチームを作ろうと思っても、難しいものです。自分で採用した人間だけなら作りやすいかもしれませんが、今

までいた人を巻き込んでやっていくのは非常に難しい。

自分が入社させた若者が過半数になったら、会社は変わっていくとよく言われます。であれば、後継者は社長になる前から採用にかかわっているといいですね。

私の場合は20人ぐらいは私が採用しました。若い人が中心でしたが、彼らはふだんから私に対して協力的なわけです。採用活動には力を入れていたので、学生の頃からかかわっているし、自分が入社させた若者は私も可愛く思うし、その若者たちも私を慕ってくれました。


経営者がどれだけ仕事を楽しんでいるかがポイントです。楽しそうにしている人には、必ずフォロワーがついてくるわけです。

社長が仕事を楽しんでいると、楽しそうだからとサポートしようとする人がついてきます。その背中を見ている社員や家族、お客様、ビジネスパートナーがファンになってくれます。

社長が楽しそうに働くことこそがチーム作りの第一歩です。

「好き」がスタートだという人が評価される時代が来るんです。

「好き」にフォロワーがついてくるんです。

## モノはなくとも人がいれば

なぜ、経営者は人を尊重するべきなのでしょうか。

それは、たとえ売るべきものがまったくなくなって、会社の財産がゼロになったとしても、人さえそこにいれば、会社は復活できる可能性があるからです。

私の祖父（三代目）が社長になったばかりの昭和20年（１９４５）８月２日、八王子大空襲がありました。

終戦直前のこの出来事で、当時、会社はすべての財産を失いました。売るもの、お金、すべてが焼け落ち、何も残らなかったのです。残されたのは、どこが境目かわからなくなった土地だけでした。

それでも命だけは助かったので、祖父たちは日々、焼け野原で自社の土地と自宅の後を整理したり掃除したりして過ごしていたそうです。

やがて戦争が終わり、一人、また一人と、社員が帰ってきました。幸いにも、当時の社員全員が生き残っていました。

社員は「これから何をしようか？」と話し合いました。

ゼロベースのスタートでしたが、特約店契約を結んでいた大手セメント会社が多少の商品を扱っていることがわかりました。

「復興には家が必要だ、セメントなら需要がある」

そう考えた祖父たちは、その大手セメント企業と再度取引を始めました。

まだ戦争が終わって間もない頃で、物流も混乱していたでしょう。しかし、幸いに商品があり、ご縁をつなげて商品を仕入れて販売することができました。

祖父たちは苦労しながらも、会社を再興することに成功したのです。

この経験が、人を大切にし、問題が生じた時はお互いに助け合い、解決するという企業文化を作り上げました。

戦後の混迷を極めた時代でも、戦後の会社再興が可能だったのは、人がそこにいたからこそ、です。

たとえモノがまったくなくなったとしても、人さえそこにいれば、会社は継続できるのです。会社に大切なのは「人」です。人を尊重しなければ経営は成り立ちません。

経営者はそれを肝に銘じるべきです。

# 28 親子、きょうだいとの関係性

## 父親、息子の悪口に対しては烈火のごとく怒ってもいい

父親である現社長と息子の後継者とがうまくいっていない。よくあることです。

偶然、社員が現社長を悪く言うのを聞いてしまったら……後継者のあなたはどうしますか？　たとえどんなにケンカしていても、嫌な親、父であっても、実の親をけなされたらいい気分はしませんよね。

自分が悪口を言っている分にはいい。でも、誰か他人から自分の親をけなされたら、嫌ですよね。

そんな場面に居合わせたらどうするか。烈火のごとく怒るべきです。

「俺の親父を悪く言うなよ！」

もちろん後継者である息子の悪口を聞いてしまった、先代経営者も同じです。そこは「親子」になっていいのではないでしょうか。見て見ぬ振りはしてはいけないポイントです。

悪口を言っていいのは「親子」だけ、という方針を徹底しましょう。

## 毒にも薬にもなる、後継者の「きょうだい」

「きょうだいで会社を継いでくれたら安泰だ」そう考える人も多いでしょう。

きょうだいに継がせる場合は、なんといっても身内ですから、うまく回れば一番の味方になります。

そのためには、事前に会社内での役割分担を決めておきます。責任範囲を明確にすることで、社内の無用な混乱も避けられます。

仲よく事業を営んでもらうのが理想ですが、現実はうまくいかないケースが本当に多いんです。きょうだいですから、元々は仲がよかったのに、会社を継いでから仲が険悪になったというケースもあります。

最初のうちはうまくいっていたけれど、それぞれが結婚し、子どもが生まれて家庭ができて、本人だけの意思では決められなくなったことから、仕事上でもヒビが入る、ということもあります。

仕事できょうだいが争うと、もう肉親としての争いになってしまうので修復が難しい。仕事は仕事、プライベートはプライベートと割り切れないのが人間です。

よくあるもめやすいパターンとしては、営業面を社長である兄、経理など管理部門を専務である弟が担うケース。

お金を使うのが兄、管理するのが弟ですから、そこに軋轢が生じがちです。

性格や適性もありますが、社長である兄が管理部門、専務である弟が営業部門を担当したほうが、うまくいくことがあります。

弟が社長になって、兄が副社長になる会社もあります。長男が継ぐものだと決めつけず、柔軟に考えることをおすすめします。人には向き不向きがあるのです。

# 29 中小企業は社長でもつ

## リーダーが変わる前後15年、後継者教育に全力を傾ける

一定規模になれば、社員教育をしていない会社はないでしょう。私も前職の社長時代には社員教育に時間とお金を使いました。

社員教育や研修に際してよく言われるのが「さまざまなことをやって、それぞれのいいとこ取りをすればいい」ということです。

一人の先生や、一つの活動に没頭せずに、広い視点であちこちから自社に合うものをいいとこ取りで選び取っていけばいい。

そのとおりです。そして、そのいいとこ取りの「いいとこ」を決める基準、何をよいとするかを決めるのは、経営者か後継者です。

後継者が自分の会社にとっていいか悪いかの判断が正しくできるようになるには時間がかかります。

自社にとっての善し悪しが判断できないのに「これって、たぶんうちの会社にいいよね」と受け入れるのは軽率です。

本当に自分の会社にとって必要な研修ならものすごく有効なんですが、合わなかった場合は残念な結果になってしまいます。

よかれと思って取り入れた研修なのに、それをしたばっかりに、社員の反発を買って、社内がギスギスした雰囲気になった、という大失敗は少なくありません。

その研修が必要かどうか判断するには、その研修を選ぶ後継者に、ぶれない価値基準が必要です。今日の判断基準と明日の判断基準がぶれていては、将来の会社に必要なものがわかるはずはありません。

まず後継者が価値基準を確立すること。そのために本を読む、さまざまな人と会って学ぶ、研修を受けるなどの時間は必要です。

それは後継者が会社を継ぐ前はもちろん、会社を継いでからも日々、考えていくべきことでしょう。

後継者が価値基準をしっかり定めてから、社員教育に時間とお金を掛けることによって、後継者を中心に強固なチームが出来上がります。

## たった一つの譲れないこだわりを持つ

「社長だから偉い」なんてことはありません。

経営者は経営という役割であり、社員一人ひとりもそれぞれの役割をもって会社に来てくれているのです。そういう意味では対等なので、お互いに尊重していくべきでしょう。

ただ、経営者は会社の事業内容に責任を持ち、社員の生活を守っていく責任があります。その違いは認識しておかなければなりません。

「お金が大事」「やりがいが大事だ」

「給料がよくても自己成長が望めないような会社にはいたくない」

「偉くなりたい」「出世したくない」

「残業したい」「早く帰りたい」

経営者も社員も、色々な価値観があります。

これからは多様な価値観を受け入れる経営が大切になってきます。

社員にもさまざまな状況の人がいます。ダイバーシティ（多様性）というと、なんでもかんでも受け入れるというイメージがありますが、いったんは受容して、そのあとで「うちの会社としては……」という形でスタンスを打ち出すのでもよいのではないでしょうか。

「社長って、これだけは絶対に許さないんだよね」と社員に言われるような一点には厳しく、それ以外のことについては「まあ、そんなこともあるよね」とニコニコおおらかに許しているのが、一流の経営者だと思います。

私の知る経営者で「優しくないことを許さない」という方がいます。いつも笑っていて、仕事のことで社員にいちいち細かいことを言ったりしないんですが、優しくないこと、つまり、言葉遣いや態度にトゲがあったり、他の営業所から来た同僚にお茶を出さなかったり、メールの文章がぞんざいだったり、そういった心配りというか優しさがない態度に厳しい経営者で、いきなり人が変わったように怒ります。その根底にあるのは「社内でできないのに、外でできるはずがないだろう」という考えです。

その会社は社長がいてもいなくても、皆さん親切で、心配りがあったかい。ちょっとした案内が丁寧だったり、社員の態度にやはり出てくるんです。

「うちの社長、ここだけは厳しいんだよな」というのが、社員に浸透するということが、一つの行動指針というか、企業文化になっている一例です。

家庭でも「うちのお父さん、いつもニコニコして、だらしなくて、ボケっとしてるけど、これについてだけは怒るよね」とか、そんなお父さんはカッコイイと思いませんか？

会社である以上、大きな目標・ビジョンが必ずあり、それに対してミッションがあり、それぞれ役割があるわけです。

たった一つの社長の「譲れないこだわり」は、その方向を示すものといってもいいかもしれません。

## 我以外皆師

経営者が人から学ぶ、尊敬できる人に師事するのはとても大切です。

師は一人ではありません。これからは「我以外皆師《われいがいみなし》」という考え方が重要です。いい人も悪い人も含めて、自分以外はみな学びを授けてくれる存在であるという考え方です。

多様化の時代です。一人ひとり価値観が違っているでしょう。経営者として、多様な価値観を持つ社員に対して、我以外皆師の考えで接していくことが大切です。

今後は、接し方だけでなく、その考えを就業規則や経営の施策にも反映することが求められるでしょう。

同じ会社に勤めている従業員でも、同じ価値観で統一するのは不可能です。それなのに、単なるインセンティブだけで社員を動かそうとするのは、レベルの低い経営と言わざるを得ません。

報酬はもちろん誰にとっても大事なものですが、それはマズローの承認欲求でいえば、一番下のランクにある「生存への欲求」です。

その一番低いレベルで考えているから、昇給をしていても従業員の満足度は上がらず、「うちの会社は従業員のことを考えていない」などと陰で不満を言われてしまいます。

多様な社員がいるのですから、労務のあり方そのものもちょっと見直していく必要があるかもしれません。

例えば、ある社員の月給が手取り30万円で、AさんとBさんはそれぞれ10万は生活費、10万は自分の欲しいものを買って、残りの10万は親の介護にあてているとします。

Aさんは、その分の給料が減っても、両親の家に帰省するための休みを増やして欲しいという。Bさんは、休みは減ってもいいから、プロに手厚く介護してもらうためにお金を増やしたい。

Aさんには休みが、Bさんには現金が嬉しい。となれば、福利厚生以外でAさんの休みを増やすやり方は柔軟に考えられるでしょう。

どちらがいいということはありません。価値観の違いです。「価値観は多様である」という前提に立って考えれば、今までにはなかった画期的な施策が生まれてくる可能性もあります。

「価値観がバラバラだと社員のまとまりがなくなるんじゃないか」と考える人もいるかもしれません。

しかし、価値観は違っても会社のビジョンや経営理念に共感していれば、同じ方向に進むことは可能です。それこそがダイバーシティではないでしょうか。共に同じ方向へと進んでいくために、会社は制度やシステムでどう対応していったらよいのか、その手段や仕組みを考えるのが経営者の仕事です。

理念や目的を共感から共鳴の域に引き上げるには、古典や名著と言われる書物や、現代社会で活躍している方々に、社員と共に学ぶことも有効です。

## 経営者が引き継ぐべき信用

「伊勢丹で買い物をしてきた」と誰かが言うと、多くの人が「いい物を買ったんだろうな」と推測します。

このように「ここで買ったら間違いないよね」「この会社に任せたら安心だよね」というのが信用ですね。信用はお金では買えません。誠実な対応や品質のよさなどによって長い時間をかけて築いていくものです。

信用貯金がしっかり貯まっている会社は、発展していきます。

信用貯金を貯めるには、何年も、何十年もかかります。

私が「安藤さんに相談すれば絶対大丈夫。あの人ちゃんと秘密を漏らしたりしないし、誠実に向き合ってくれるから」と言ってもらうためには、私はあらゆることに対して、誠実に向き合い、決して信頼を裏切らず、その結果として信用貯金を貯めなければなりません。

百年、二百年の歴史を誇る老舗企業は、顧客の信頼を裏切りません。ほぼ間違いなく社是として「信用を積む」ということを大切にしています。そうして長い年月をかけて積み上げた信用貯金が次の世代に受け継がれていくのです。

これは社員にも受け継がれていきますが、一番濃い濃度で受け継ぐのは後継者です。例えば「仕事ではこれは大事にしろよ」とか、「こういうことは、絶対、お客様を裏切る行為だから、しちゃいかん」とか、先代やベテラン社員が日々、言葉だけでなく、態度や行動で示しているでしょう。

先代は背中を見せ、後継者は先代の背中を見て育つのです。私の父はお客様に接するとき、深く深くお辞儀をしていました。私はそれを見て「ああいう姿勢で仕事に臨んでいるんだな」と、当たり前に吸収していきました。何代もの永きにわたって受け継ぐ企業は、そういった空気のようなものを大切にしているのです。

第5章

# 信頼を高め、魅力的な会社にして承継する

# 30 後継者を決めたらステークホルダーに紹介する

## 信用・信頼はお金では買えない

企業にとって「長く存在していること」が最大の信用と信頼を生み出します。どんなに大きな売上を上げても、上場企業であっても、一夜にして大きくなった会社はどこか信頼を欠く場合があります。

しかし、200年、300年と長い間続いてきた老舗企業は、多くの人々に信用、信頼されています。

何代にもわたって続く企業の社訓や基本理念にはたいてい「信用第一」のような言葉が掲げられています。

彼らは自社の利益よりも信頼を高める行動を優先し、その結果、長期的には顧客や社員から愛される企業となっています。

後継者が信用され、信頼を得るためには、日々の行動、普段の心がけが鍵となります。後継者として利益を追求するだけでなく、信頼を築くことができるよう、日々の行動と意識を見直すことが求められます。

理解を得るためには、時間と労力を惜しんではいけません。丁寧に対話を重ねることが必要です。

私が、前職で経営者となった時には「株も保有したし、何でもできる」と思い込んでいました。これが失敗のもとでした。

結局、仕入先から総スカンを食い「あいつには売らない」と言われて、退場するしかなくなってしまったのです。

## 取引先に後継者を信用してもらう方法

後継者をステークホルダーに信用してもらうには、できるだけ早く紹介することです。会社の理念、経営方針が変わらないなら、人が変わる以外に変わるところはあまりありません。しかし、だからこそ誰が次の経営者なのか、早めに知ってもらったほうがいいでしょう。

事業承継は5年、10年の長期計画ですが、しかるべき時期を見て計画的に紹介するのではなく、後継者を決めたらすぐに紹介することをおすすめします。

銀行や周囲の経営者と後継者とが交流することによって、顔つなぎはもちろん、後継者の自覚を促す、現社長がそういう人とどういう関係性を作っているのかをじっくり学んでもらうという効果があります。

すべての取引先というと大変ですが「ここには挨拶に行って、ここには行っていない」という状況は角が立ちます。平等に告知していったほうがいいでしょう。

後継者は、銀行の経営セミナー、商工会議所、青年会などにも積極的に参加することをおすすめします。人脈づくりはもちろん次期経営者としての自覚を促す効果もあります。

## 後継社長を部下として同席させる

後継者を紹介するとき、改めて場を設けるのではなく、商談の席などに同席させて体験させる、経営者の背中を見せるのがおすすめです。

その際のポイントは、あくまでも社長と部下として同席させること。「今日は社長室長を同席させます」などとして、聞かれるまでは親子であることは伝えないほうがいいでしょう。

親子丸出しの紹介はどんなに親しくてもよくありません。

例えば、相手が旧知の仲で「息子さん、大きくなられましたね」などと言ってくれたとしても、そこに乗って「息子が頑張ってくれるから安泰ですわ、ガハハ」なんてやらないでくださいね。

「今回入社しました」「今度役職が常務になりました。今、経営の修行をしてます」など、親子共に仕事の関係であることを強調してください。

言い方で印象はだいぶ変わります。

ウソはいけませんが、家の顔と外の顔は使い分けてよいのです。

家では親子、仕事上は上司と部下、家庭での関係を仕事の場に持ち込まないことも大切です。

## 仲良しアピールはしない

どんな会社にも後継者問題はあります。

なかには、親子関係にほとんどトラブルがなく「うちは親子関係めちゃめちゃいいよ」というところもあるでしょう。

無邪気にその様子を見せていると「仲良しアピール？　嫌み？」と嫌われたり、思わぬ方向から嫉妬されたりすることがあります。

あえて「うち、仲いいです、なんでも話し合えます」という姿は、人に見せないほうがいいかも知れません。

自然体でいることは難しいですが、人を過大にうらやましがらせないのも大事なマナーではないでしょうか。

# 31 銀行対策は信用第一

## 融資担当者の前でやらかした親子

しっかりした後継者がいるというだけで、ある程度の銀行対策になります。他のステークホルダーと同様、後継者が決まったらすぐに紹介することをおすすめします。

メインバンクはもちろん、サブで取引している銀行にも挨拶しておきましょう。セカンドオピニオンを得ることもできますし、問題が微妙でメインバンクに聞きにくいようなことも、２番手、３番手の取引銀行だったら質問しやすいこともあります。

会食や交渉の場など、ポイントを押さえて後継者を同席させましょう。その際は現社長と幹部社員がいるとよいでしょう。

私の知人の会社は社長が60歳代、後継者予定の息子が20歳代で、ふだんから仲が悪いことで有名でした。似たもの親子なのかお互い頑固で譲らない。

メインバンクから会食のお誘いを受けて、二人で出かけていったのはいいけれど、支店長の前で親子ゲンカを始めてしまった……まずいですよね、信用ぶち壊しです。

後継者は、そういった場面では、しっかりと「社長のお付き」の建前を貫くことが大事です。


どうしても先代と後継者の経営方針が合わないこともあるでしょう。じつは、できる後継者ほど現状否定をしたがるものです。

「これからはもっとこうしたほうがいい」「親父のやり方は古い」そう考えてしまうこともままあるでしょう。

言いたい気持ちはすごくよくわかります。

でも、立ち止まって考えてください。銀行さんの前でそれをぶちまけて、親子ゲンカを見せつけて、いいことがありますか？

その場はニコニコと「おっしゃるとおりです」でやりすごして、改めて一人で「先日はありがとうございました」と挨拶に行き、雑談になったタイミングで「父はああ言っていましたが、私の考えはこうで、将来はこうしたい」と自分の考えを伝えればいいではありませんか。

銀行も経営の将来性を注意深く見ていますから、わかってくれるはずです。

## 後継社長は仮面を使いこなせ

特に気をつけたいのはお酒の席。

「いやあ立派な後継者ですな」などとおだてられたり、酔って気分がよくなったりすると、人はしなくてもいい自己主張をしたくなりがちです。

金融機関の前でやらかせば信用が吹っ飛び、業界の集まりでやれば物笑いと噂の種になって、陰で面白おかしく言われてしまいます。

それを払拭するには長い時間がかかります。

少しおだてられただけ、少しお酒を飲んだだけで、あけすけに持論を開陳してしまうのは、愛すべき人間の姿です。しかし、そういった心根の単純さや脇の甘さは、会社を背負う人間としてどうなのでしょうか。

経営者は嘘、とまでいうと言い過ぎですが、本音を押し隠す必要がある場面は多々あります。

仮面をかぶって演じきることができなければ、会社組織の維持はおぼつかない、と言わざるを得ません。

仮面をかぶるのもイヤだ、隠しごともできない、ということであれば、組織を維持する後継者には向いていません。

創業社長だったら100%本音でやりたいことに単純に突っ走れば、そのカリスマ性に人はついて行きます。その理念を守り、信用を維持するのは、それとはまったく別の資質です。

# 32 お客様は二代目の立ち居振る舞いを見ている

## 二宮尊徳の「報徳思想」に学ぶ

「報徳思想」で知られるのは、江戸時代の農政家で思想家の二宮尊徳（幼名：二宮金次郎）です。

二宮尊徳が説いた教えに「たらいの水」があります。

「たらいの水を自分のほうに引き寄せようとすると、水は反対側に逃げてしまう。逆に相手のほうに向けると、水は勝手に自分のほうにやってくる」

お金や幸せは独り占めしようとすると逃げてしまい、相手に差し出すと、自分に返ってくるという法則です。

「まじめだけど、人付き合いが悪いね」

「息子のほうは、社交性に欠けるね」

これは二代目社長が、先代から付き合いのある取引先によく言われることです。古くからの取引先は、二代目経営者の立ち居振る舞いをじっと観察しています。

先代社長を尊敬しているか、何かトラブルを抱えていないか、言葉の端々から親子関係を探っているのです。

彼らは先代社長と何十年も深く付き合っているのです。二代目社長が「付き合いが悪い」と言われても当然のことです。

また、先代社長は二代目社長には、「挨拶のルール」を教えなければいけません。お客様を紹介してくれた方には、その場で丁重な御礼の挨拶をするのは当然です。


問題なのは、その後です。

季節ごとに感謝の気持ちを、年賀状や暑中見舞い、クリスマスカードなど、言葉や態度で相手に伝えることを教えましょう。

自分の代と息子の代、二代でお世話になっているわけですから、「感謝の言葉も気持ちも二倍伝えなさい」と教えなければいけません。

そこで参考になるのが、二宮尊徳の「報徳思想」の教えです。

自分の得ばかり考えず、相手の得を考えることです。まずは自分が損をしてでも、相手の得を考える。相手先に加え、先代社長、後継者のどちらも得となる、報徳思想が大事なのです。

## 何事にも負けない信用貯金を貯めよう

信頼は財産です。経営者はもちろん、誰もが信用貯金を殖やしておくべきです。

前章でも述べた信用貯金は、相手からの信頼を銀行口座にたとえた概念です。経営者にとっては、ステークホルダーやビジネスパートナー、従業員、顧客から得られる信頼の蓄積といってもいいでしょう。

相手に信頼される行動をすると、信用貯金の残高は増え、その逆だと減っていきます。

経営で言えば、品質の高い製品やサービスを提供すること、公正な取引を維持すること、コンプライアンスの遵守など、経営者の日々の意思決定と行動から積み上げられていきます。当然、信用貯金の残高が高いほど、相手との人間関係は良好で、意見の相違や小さなミスも許容されやすくなります。

信用貯金は、約束を守ること、助けを求められた時に応じることなど、日々の小さな行動から積み上げられていくものです。

いざ窮地に立った時に、信用貯金が生きてきます。

私自身も、前職の際に、この信用貯金を増やす機会を多く貯めていたお陰で、「あいつに任せてみよう」と言ってくれる方々に恵まれて、再起できました。

経営者は、毎日、一挙手一投足が多くの人々に評価されています。

小さな行動の一つひとつが信用貯金の積立であり、信頼関係を深める礎となるのです。だからこそ、経営者は、自己の行動に対する責任を認識し、信用貯金を増やすための行動を持続すべきなのです。

## 経営は「お陰さま」で回っている

どんな仕事であっても、取引先、銀行、そしてお客様など、多くの人々が関わっています。そして皆、後継者がどんな人物なのか、その立ち振る舞いをじっと見ていいます。

親子が互いに尊敬の念を持ち、適切な親子関係を維持できているかどうかが試されるのです。

誰でも生活していればある程度は人の目を意識することはありますが、経営者に注がれる視線は一般の人に比べて多く、厳しいものがあります。

しかし、その一方で助けてくれる人もたくさん存在します。

自分が経営者である時や、経営者になるべく頑張っている時には、会社、組織、他の社員に守られていることを認識することは、難しいかも知れません。

私が会社を出て起業した初期の２年間は、世間からは「ただの親子喧嘩のなれの果て」だと見られていました。

一人で起業すると、守ってくれる者がいないため、逆風とまではいかないまでも、世間の荒波に晒されることになります。

「なぜ自分が」と恨み節を言うこともありました。

私は、自分の力で立ち上がり、歩き出さなければならない時になってやっと、これまでいろんなものに自分が守られていたということに、ようやく気づいたのです。

経営は孤独な仕事です。しかし人はどんなに孤独でも、「いや、そうではなかった、見てくれていた人や気にかけてくれていた人がいた」と思える瞬間が必ずやってきます。

孤独を感じながらも、多くの人に感謝し、常にそう思える人でなければ、何十人、何百人と人を雇っての会社経営はできません。

「自分のやってきたことも間違いじゃなかった」と自分を認めてあげることも大事だと思っていますが、それは経営の一割ほどでしかありません。経営の九割は自分以外の誰かの「お陰さま」で成り立っています。

また、「徳は孤ならず」とも言います。孤独を感じた時こそ日常の自分は「言行一致」ができているかどうかを振り返るチャンスです。

# 33 社長の人間力が信頼となる

## 後継者の人となりが信用度を測る目安となる

後継者問題は、会社全体の問題です。

後継者が決まらないと、会社の経営や業績に悪影響を及ぼします。また、後継者が決まっても、その人が適切な人材でなかった場合、後継者問題は、会社全体の存続や発展に影響を及ぼします。

会社の最大の財産は外部からの信頼です。特に最近は、後継者の存在やその人間性が、財務内容と同等に信頼度を図る指標となってきました。

以前の経営では、財務内容や商品、技術など、能力に基づく評価が中心でした。しかし、世の中の変化が激しい時代には、これまでのビジネスモデルが突如通用しなくなる可能性があります。

昨日まで業界をリードしていた会社や、人気の商品を売っていた会社が、明日には通用しないなんていう急激な変化が起こりうるわけです。

そんな時代だからこそ、人材に焦点が戻っています。後継者の人となりが、財務内容と同じくらい信頼度を測る目安になるのです。

「あの人は、人間性はいいが経営センスは……」という経営者と「経営はスゴ腕だけど、人間性が……」という経営者がいるとしましょう。これまでは後者の方が信頼されることもありました。

しかし、これからの社会では受け入れられにくくなっていくでしょう。

経営の細部については周囲のスタッフがしっかりしていればフォローできます。それよりも後継者が、人に信頼される、人が喜んでついてくるような「徳」を持った人物であることのほうが重要です。

## 社員が社長を食べさせている

当たり前のことですが、会社って、社長だけでは成り立ちません。社長が社員を雇っていると思いがちですが、裏を返せば社員が社長を食べさせてくれるという側面もあるのです。

経営者の資質として重要なのは、人を導くことができる力、つまり人間力ではないでしょうか。

人間力を養うために、どうしたらいいでしょうか。

私は、「徳を積む」ことが重要だと思います。

中国の古典『易経』に「積善（せきぜん）の家には必ず餘慶（よけい）あり」という言葉があります。善行を多く積み重ねた家には、必ず子孫にまでよいことが起こり幸福になる、という意味です。

よい行いをしたら、よいことが起こるという単純な因果関係ではなく、「善行を積んだ人の報いは、子々孫々まで伝わる」というのが原意です。

いいことも悪いことも大きな事象は、小さな事象の積み重ねです。

会社経営の場合は、それが数字になって表れます。

経営者がふだん、どんな行動をしているかが問われるのです。

34

# 「負の遺産」は現社長が解決しておく

## お金の問題は、現社長が解決を

「借りられるうちは、どんどんいっぱい借りておくべき」

「借り入れは、減らしておいたほうがいい」

お金に関する考え方は千差万別で、正解はありません。逆に言えばすべてが正解でもあるのです。

しかし、確実に言えるのは、継ぐことによって収支がマイナスになるような会社は、いくら身内でも嫌がるという事実です。

返せる算段のついた借金ならまだいいのですが、返すあてのない負債がかさんでいるような会社は、誰も継いでくれません。

事業承継計画には資金繰りや金銭トラブルの解決を組み込んでおきましょう。もし問題があるならば、しっかりと解決をしてから、後継者にバトンを渡すというところまでやってもらいたいということですね。

小売りなど仕入れのために現金が必要な業種では、借入をしないと回りません。仕入れや設備投資にかかる費用は削れませんが、現社長のうちに、内部保留を貯めて、短期の借入を極力減らし、長期の借入を増やしていくという方向に変えていきましょう。

## 先代社長は身辺をきれいに

社長が会社に個人的に貸し付けている場合は一般的に問題となりません。ただ、複雑になりがちなので、早期に専門家の手を借りつつ整理しておくほうがよいでしょう。

それより問題が発生しがちなのが、逆に、社長が個人として会社から借り入れている場合です。創業社長などによく見られるケースです。決算書から確認し、早期に整理しておきましょう。

経営者のなかには、接待と称して毎週のように高級クラブ、こっちのクラブならと昼間はゴルフ三昧、不相応な高級車、家族には言えない内縁関係……など、自分のためにいろいろと便宜を図ってしまっているケースも見受けられます。

「利益を上げていればいいでしょ」ではもはや通用しません。そういった体質を代々受け継ぐこともないでしょう。コンプライアンスは年々厳しくなっています。

事業承継を機に、整理すべきところは整理して、社長自身が身を清め、現金化できるものは現金化してすっきりきれいな状態で後継社長に譲りましょう。

聖人君子になる必要はありませんが、父として、息子の前で恥じるところのない状態にしてから渡すべき、ということです。

曹洞宗の開祖、道元禅師の教えに次のようなものがあります。

「順現報受業」善悪の行いが自分にすぐに報いとなって現れること。

「順次生受業」善悪の行いがしばらくして報いとなって現れること。

「順後次受業」善悪の行いが自分の子孫末代に現れること。

「積善の家に餘慶あり」と同様に、自分の後々に思いをはせ準備をすることが永年企業になる条件です。「信頼してるから、後は好きにしろ」ということとは次元の違うことなのです。

## ３年間は固定費を払い続けられる会社に

私は事業承継にあたって、社員全員の給料を含めて、少なくとも3年間固定費を払い続けても大丈夫な現金（もしくは資産）を会社に蓄えておかなければならない、と考えています。現金預金、有価証券などすぐ換金できる資産をあわせて3年分の人件費と固定費です。

「そんなの現実的には無理だよ」

多くの人がそう言います。でもそれはできないと決めているだけ。実際にやっている会社は私の知る限り少なくありません。

明日からも仕事がある保証がどこにあるんですか？　来年も今年と同じように仕事がもらえる保証がどこにあるのでしょうか？　不確実な世の中ですから「絶対」はありません。

社員を守るために、まずはとにかく3年分の人件費と固定費に相当する現金（換金性のある資産を含めて）を会社の中に確保する、と意思決定してください。それが安定企業の一つの基準です。

## 本業に沿って見直す

本業の業務以外に、会社が所有している不動産など、営業外の収益で何とかもっている会社がじつは少なくありません。

本業の営業利益はマイナスなのに、営業外収益の不動産賃借料で全体をプラスにしているというようなケースです。

企業が不動産で稼ぐのは悪いことではありません。しかし、それをそのまま後継者に引き継がせるのはどうなのでしょうか。

本業が不動産関連ならばいいのですが、そうでない場合、不動産所有による収益は「受け継がせるべきもの」の本質ではありません。

投資すべきは、本業です。

事業と違うならば、カットできるところはカットして現金化していきましょう。もし不動産が高く売れるようなら売却して、内部留保の資金に充当し、本業のための商品開発や社員教育、広告宣伝などに投資する。そうすることによって、事業はしっかり強くなります。

# 35 現社長の退職金はどうやって決める？

## 社長の退職金は１００万円から数億円

社長の退職金には決まりがありません。１００万円でも数億円でも、状況に応じて自由に決めてよいのです。ただ、退職金はいくらにするのか、その金額の決定については事業承継計画の一環として決定されるべきです。

役員退職金は、税務上損金となり、自社株の評価額を下げることができるため、後継者に株式を移転する際の節税として活用できます。

しかし、一度に高額の退職金を支払って赤字決算にするのはやりすぎです。自社にとってちょうどよいバランスをとるために、税理士、担当役員などとしっかりと話し合って決めるべきでしょう。

「受け取った退職金でセカンドライフを充実させたい」という方もいますが、どかっと一度に収入を得てしまうと、翌年に大きな所得税がかかってしまいます。

その対策として、顧問として残るという選択がありますが、会社にかかわり続ける年数が増えてしまうと、事業承継計画に影響してしまいます。

「使い途がないから受け取らなくても……」という方もいるでしょう。

そういう場合も、いったんは退職金を受け取り、個人として社屋の建て替えや工場を新設するなどして、会社に貸し付け、設備の充実と相続税対策の一挙両得を狙うという手法もあります。

株価や翌年の状況、今後同じような状況が発生した際にどうするかという観点も加味して、決めていくのがいいのではないでしょうか。


ちなみに、エヌエヌ生命保険が2020年3月に実施した「中小企業の退職金に関する調査」によると、社長の役員退職金（役員退職慰労金）の相場（平均支給額）は約2476万円となっています。（全国の企業の役員・管理職1万名を対象にアンケートを実施し寄せられた回答をもとに算出）

## 事業承継で税金はいくらかかるのか

「うちの事業承継で税金はいくらかかるのか、計算式を提示してほしい」

もしこんなふうに相談されたら、私はこう答えます。

「税理士さんに聞いてください！」

事業承継では、自社株や不動産などの「所有権」を先代社長から新社長へと移すことになります。「売買」にしても「生前贈与」にしても所得税や贈与税などがかかりますが、それがいくらなのかは税理士さんに聞くのがベストです。

書籍やインターネットで調べられないことはありません。しかし、あまりおすすめしません。書籍は発行した時点での情報です。発行後に税制改革があれば内容は古くなってしまいます。インターネットの情報はすべて正しいとは限りません。

しかも、一番知りたい「自社の場合」に当てはめるのは、非常に複雑で面倒くさい。会計や税務に明るい経営者ならできるかも知れませんが、時間がかかってしまうでしょう。餅は餅屋です。会社の顧問税理士または事業承継専門の税理士に相談して、数字を出してもらうほうが早くて正確です。

# 36 自社株はこう考える

後継者が事業承継をしても、株式持ち分が50％以下では安定的に会社を経営できません。

50％以下では取締役を解任される可能性もありますから、過半数、できれば3分の2以上は保有しておきたいところです。

## 自社株式の承継方法

事業承継計画に従って、よきタイミングで自社株式を委譲する必要があります。自社株式の承継方法には、贈与、譲渡、相続があります。税理士等と話し合ってよい方法を考えていきましょう。

私は30歳くらいの頃に自社株を買いました。銀行から借り入れをして、会社の株を買って、毎月の給料から銀行に返済していました。

## 自社株は早期に引き継ぎを

株の所有割合が経営権ですから、いつまでも自社株を手放したくないという先代社長も少なくありません。

時が経つにつれて、また譲りたくないとか、自分は陰で実権を握っていたい、まだ子どもが頼りないからとか、思ったより成長してくれないという気持ちになりがちです。

しかし、当初の事業承継計画表に従って、しっかりとやっていくことが大前提です。

自社株を譲るテクニックとして、例えば、次のようなものがあります。

経営計画の中で、売上が落ちる翌年には必ず株価は下がりますから、そのタイミングで後継者に株を買ってもらうというやり方もあります。または役員の保険をかけて、その保険を使って株価を下げたタイミングで息子に買ってもらうなどもあります。

さまざまなテクニックや優遇税制は、税理士や銀行などと相談しながら躊躇せずに進めていきましょう。

なかには自社株を交渉のカードのように思っている方もいます。しかし、そういう使い方はおすすめしません。

株は経営権ですから、後継者も早く譲ってほしい、過半数もしくは3分の2以上持っていればこちらに主導権が回ってくる、と考えてしまいがちです。

しかし、株の権利が移行したとしても、それで周囲の目線が変わることはそうそうありません。

銀行、金融機関さんも代表権を息子に譲ったからといって、もう会長には何もなくなったという見方はしません。だからこそ、早期に株の引き継ぎは済ませておいたほうがいいよということになります。

## 株の保有は一人に集中させる

中小企業の場合は、経営する人間がオーナーになっていなければいけないという考え方が一般的です。

株主と経営者の関係性は、一体であるということが理想の形なので、きょうだいに事業承継させる場合でも、会社の株は社長に集中させ、分配、分散しないようにしましょう。経営と資産の分離は、後で必ずもめる原因になります。

きょうだいが三人いて、社長の長男に40％、二男に30％、長女に20％、その他に10％、というように分配したりすると、これは将来のきょうだい争いを助長するようなものです。

縁起でもない話ですが、先代が事業承継の半ばで亡くなってしまった場合には、株式の継承は相続となります。そこでもめてトラブルになる可能性もあるでしょう。そうなれば会社の経営に影響を及ぼしかねません。

不測の事態を避けるためにも、先代の目が届くうちに、株を後継者に渡しておくべきなのです。

37

# 魅力的な会社にする

## パーパス経営（経営理念）

松下幸之助は「まず経営理念を確立すること」「経営理念が確立できればその事業は50％成功したも同じ」と書いています。

経営理念を中心に据えた経営が「パーパス経営」と呼ばれる経営手法です。経営者として大切なのは、経営理念（パーパス）を明確にすることです。

経営理念を明確にすることで、従業員のモチベーション、企業のブランドイメージの向上などが期待できます。また、経営理念に共感するお客様やビジネスパートナーとの強い絆も築けるなどのメリットもあります。

しかし、多くの会社の経営理念は、他社をモデルにしていたり、単なる美辞麗句のお題目になってしまっていることが多いようです。

私は前職で経営理念を作ろうとして、さまざまな会社の事例を調べ、情報を集め何時間もかけて考えました。しかし、どんなに悩んでもまったく書き上がらず、結局書けないまま社長を辞めてしまいました。

## 5分で書けた経営理念

今の会社を立ち上げるにあたって「自分は後継者を育てる仕事をするんだ。そのための場を自分で作るんだ」と決意していました。

そろそろ経営理念を作ったほうがいいかなと思い始めると、ほぼ同時に自然とまとまりました。ある朝、目が覚めて、５分で携帯に経営理念を打ち込んだのです。こんなに短期間で、ほとんど修正もなくまとまったのは、私が自分のやりたい事業は何か、その軸をずっと考え続けていたからかもしれません。

経営理念を会社に持っていった日、ある社員が言いました。

「じつは、みんなで経営理念とかあったほうがいいよねって話してたんです。社長も楽しそうですし、社長が作った経営理念をみんなで共有したほうが、会社としても団結できていいね、って」

社員の言葉に私は「あ、そうか、これでいいのか」と思いました。仕事を楽しみ、寝食を忘れて働く社長が作った経営理念には、みんな興味を持ってくれます。

経営理念は、カッコイイ言葉でなくていい、社長が本当にやりたいことを素直に書けばいいのです。それがあなたの経営理念なのですよ。

社長の行動と経営理念が一致していれば、それが一番いいのです。

## 小さく強い会社にする

物流にしても、生産量にしても、中小企業は大手上場企業には多くの部分で逆立ちしても勝てません。

でも、もう規模の大きさは強みになりません。

中小企業が独自性をもって専門性を高めていくことで、大手に勝てる、大手を動かせる時代です。

事業規模が大きいほど、舵を切ってから動き出すまでが遅くなります。少人数だとすぐ動ける。意思決定のあと即行動できるのが中小企業の強みです。

変動性の激しい時代は、綿密に計画をして、しっかりと準備してという発想では遅れをとってしまいます。目的、ビジョンの共有さえできていればすぐ動けるという態勢にしておけば、チャンスを素早くつかむことができます。

これからの時代は、生き残りのチャンスという意味では、大きな組織よりも小さな組織のほうが有利とさえ言えるのです。

## デザイン経営で乗り越える

昨今「デザイン経営」「デザイン思考」が注目を浴びています。

デザインというと、ファッションやインテリアをイメージする方が多いと思いますが、広義には「物事の計画や意図、形状や構造を創造すること」の全体を指す言葉です。

デザイン経営はデザイン思考を使って経営方針や戦略を策定する経営手法で、デザイン思考とは、ユーザーや顧客の立場から問題を見つめ直し、その要求やニーズを満たすような創造的な解決策を見つけ出す、というアプローチです。

例えば、ある企業が新しいスマートフォンを開発する場合を考えてみましょう。

多くの企業は技術的な側面に重点を置き、最新の技術を用いて高性能な製品を作ろうとするでしょう。

デザイン経営では、最初に使う人の視点を重視します。スマホをどんな目的で使用するのか、どんな機能が必要なのか、何が不便で、何を改善すれば満足するのか、などを深く理解しようとします。

そして、それに基づいて、製品のデザインや機能、使いやすさを改善し、ユーザー体験を最優先に考えた製品開発を行います。

その結果、顧客はより満足度の高い製品を得られ、企業は製品の競争力を向上させ、市場で成功を収める可能性が高まる、これがデザイン経営のプロセスです。

「マーケティングならやってるよ」という方もいるでしょう。

マーケティングもデザイン経営も、顧客ニーズを探ることは同様です。その意味では共通しているのですが、目的が違います。マーケティングは、製品やサービスを顧客に売り込むための方策であり、組織全体を含めた戦略と運営の改善を目指すデザイン経営とは別ものです。

デザイン経営では、製品開発のプロセスも重視します。失敗を恐れずに新しいアイデアを試し、うまくいかなければフィードバックを得て改善を繰り返します。デザイン経営は、企業の競争力を強化し、成長を促すものでもあるのです。

すでに多くの方が感じているとおり「うちは、なんでも売ります。なんでもやります」では生き残れません。価格競争になっては物量に利がある大手には勝てません。中小企業が生き残るには、専門性と機動力を活かして、自社の強みや特色に集中するしかありません。つまり、それこそがデザイン経営です。

現状うまく行っている会社は無意識にデザイン経営ができていることも少なくありません。自社の強みをもう一度見直し、強い体質にして引き継いでいきましょう。

## 適者生存の法則

１００年続く企業は信頼されます。

なぜ企業が続くのか、ひとことで言うと「変化しているから」です。

強者が生き残るのではなく、環境に応じて変化したものが生き残る「適者生存」という言葉を聞いたことがあるでしょうか。

私の前職の会社もそうでした。
江戸から明治の時代は、荒物や旅行具、馬具、草鞋などを取り扱っていました。時代が蒸気機関になって、燃料を扱いだし、自動車が出てきて、ガソリンスタンドをやっていた時期もあります。その頃から一部でセメントなども扱っていたので、それが戦争でまる焼けになった時に、これから建築材料が必要だろうということで、コンクリートを主に扱うようになった……そんなふうに、時代の流れにあわせて主力商品を変えたことで、１４０年も続いてきたのです。

私が尊敬するある企業の経営者は「企業の寿命は30年だ」と言っています。30年ごとに業種業態を変えていかなければ、企業は立ちゆかない……前職の商売替えの歴史はまさにその正しさを証明しているかのようです。

しかし、この数十年、戦後の復興から高度成長期、バブル、ＩＴ革命があって……という時代背景もあって、多くの日本企業は業種業態をうまく転換できなかったのではないでしょうか。あえて変えなかった、変えるタイミングがなかった、そのために今苦労している企業は少なくないのではないかと私は考えます。

これからは、自分たちが一番必要とされるところで、どういう付加価値を付けて事業を時代に合わせて、変えていくのかということがとても大事です。

ここで注意したいのは、サーフィンのように時流に乗ることだけを目指してはいけないということです。易経では時中と言いますが、時に従い適切な行動をとることが大切です。

流行やトレンドの移り変わりに飛びつくのではなく、この時代の中で、自分たちがすべきこと、自分たちの価値は何だろうという視点をもって変化に対応する。長く続く企業は、自然にそれができています。そういった考え方をしているから続いていくのです。

## 幸せな会社の作り方、ウェルビーイング経営に学べ

今、盛んに「ウェルビーイング経営」が言われています。

ウェルビーイングは「豊かさ」や「幸福」「満足」などを指す概念で、個々の健康、幸福感、満足度などを総合的に考えた状態を示します。ウェルビーイング経営は、従業員の幸福感や満足度を向上させることを重視した経営手法です。

ウェルビーイング経営では、経営者は、社員が自分の可能性を最大限に発揮できるような職場環境や制度を作り、社員の総合的なウェルビーイングをサポートします。そうすることで、従業員のモチベーションやエンゲージメント（会社との結びつき）が高まり、企業全体の成長と長期的な成功に繋がります。

つまり、大切なのは、仕事を通じてどのように従業員一人ひとりの幸せや豊かさを追求していくか、ということです。

しかし、調査によると日本はエンゲージメントの高い、熱意あふれる社員の割合がとても低くなっています。

アメリカのギャラップ社が２０１７年に全世界１３９か国、約１３００万人のビジネスパーソンを対象にした調査の結果、日本は「熱意あふれる社員（エンゲージメントが高い）」の割合が、１３９か国中１３２位。たった6％でした。アメリカの企業は「熱意あふれる社員」が30％程度ですから、その5分の1です。

さらに言えば、日本のビジネスパーソンは71％が熱意が低く、全く熱意がないというビジネスパーソンも23％、つまり9割以上の社員は、仕事に対する熱意が低いかまったくないのです。

社員の６％しか仕事に自分のやりがいを見い出せていない、というのは、つまり企業の経営理念と、社員の働きがいが重なり合っていないということでしょう。

「いやいや、うちの社員はみんなやる気があるよ」

という声が聞こえてきそうですが、本当にそうでしょうか？

経営者の前でやる気のない姿を見せる従業員はいません。やる気がなくとも、生活のために人は保身します。経営者だけが気づけないこともあるのです。

多様化している現在では、幸せや豊かさの価値観は、一人ひとり違います。

だからこそ、経営者は謙虚にならなければなりません。

経営者の器として求められるのは、多様な価値観をいったんはすべて受けいれつつ、会社としての理念、軸を示すことではないでしょうか。

＊本文中では個人名、会社名の実名を省かせていただきました。

## あとがき

私は図らずとも140年企業の五代目から独立起業いたしました。暗中模索のスタートでしたが、新しい学びと気づきの連続でした。悲しいことも辛いこともたくさんありましたが、変わらずに応援してくれる先輩方や黙ってそばにいてくれた友人に恵まれました。

どうやら人というのは、苦労や重荷を少なからず背負って歩かないと、人生の道中で本当に大切な宝物に気づかずに時が流れていってしまうようです。過去に起きた事象は変わりませんが、そこから受け取るメッセージは日に日に鮮やかな彩りを増して私にいつまでも語りかけてくれます。

事業承継はうまくいけば家族という絆を強固なものにし、一つ歯車が狂えば大切な人の心に暗い影を落としてしまうものです。誤解を恐れずに言いますと、企業は人々が真に幸福を実現するために生み出した最大の発明品。ですから、自分の大切な家族や社員を不幸にするくらいなら承継などやめてしまえばいいと真剣に思っています。

だからこそ半面、真に幸せを追求するなら、自分の持つものすべてをかけるだけの価値あるものなのです。

私を成長させ共に歩んでくれたかつての社員、そして今のスタッフに、本書を借りて感謝します。あの数年間、一瞬たりとも休むことなく全力で仕事に向き合っていた事実が今の私を支えています。

何があっても変わらずに支えてくれた家族。淳子、謙真、鷹春、崇景に感謝します。私たち家族はどんな時も共に支え合い成長してきました。

そして、私に生命《いのち》のバトンを渡してくれた両親に感謝します。私のたった一つのささやかな夢は、父と妹と経営のバトンを受けた弟と亡き母親の思い出話をいつまでも尽きることなくすることです。

最後に本書を出版していただいたマネジメント社の安田喜根社長、企画構成や編集にかかわっていただいた水波康さん、曽田照子さん、出版にあたりアドバイスをいただいた天才工場・吉田浩社長に心より感謝申し上げます。

2023年9月

著者

■著者紹介

**安藤謙一郎**（あんどう・けんいちろう）
**株式会社 ANDO Business Partners 代表取締役**

1972年12月、東京都八王子市生まれ。1994年、創業140年を誇る実家の建築資材販売商社「安藤物産」に入社。常務取締役と営業部門の統括マネージャーを兼任。2013年、40歳で社長に就任、5代目経営者として家業を受け継ぐ。

世襲経営者としての体験や社内改革、人材育成の知見を活かし、2018年株式会社 ANDO Business Partners を設立。多くの経営者やビジネスパーソン・著名人を対象に、エグゼクティブ・バディとして活躍する。東証上場企業社外取締役、中小企業の役員を務める一方、次代を担う経営者・学生が自己研鑽する経営サロン KEN Career Consultant を主宰。

ANDO Businese Partners

KEN Career Consultant

■企画協力　吉田　浩（天才工場）
■編集協力　水波　康
■装丁･デザイン　根本眞一

経営《けいえい》のバトン 生命《いのち》のバトン

2023 年 10 月 25 日　初　版　第 1 刷発行

著　者　安藤謙一郎
発行者　安田喜根
発行所　株式会社 マネジメント社
東京都千代田区神田小川町 2-3-13（〒 101-0052）
TEL　03-5280-2530（代）　FAX　03-5280-2533
ホームページ　https://mgt-pb.co.jp
印　刷　株式会社シナノパブリッシングプレス


ISBN978-4-8378-0514-4 C0034
定価はカバーに表示してあります。
落丁・乱丁本の場合はお取り替えいたします。